Veikko Bartel

MÖRDER

mosaik

Veikko Bartel

MÖRDER

Fälle aus der Praxis
eines Strafverteidigers

mosaik

MIX
Papier aus verantwortungsvollen Quellen
FSC® C014496
FSC
www.fsc.org

Verlagsgruppe Random House FSC® N001967

Dieses Buch ist auch als E-Book erhältlich.

1. Auflage
Originalausgabe März 2019
Mosaik Verlag in der Verlagsgruppe Random House GmbH,
Neumarkter Str. 28, 81673 München

Umschlaggestaltung: *zeichenpool, München
Umschlagmotiv: shutterstock/Benoit Dqoust
Satz: Uhl + Massopust, Aalen
Druck und Bindung: GGP Media GmbH, Pößneck
Printed in Germany
KW · Herstellung: IH
ISBN 978-3-442-39348-0

www.mosaik-verlag.de

INHALT

VORWORT

Als mich nach ein paar Jahren als Zivilrechtsanwalt die Strafverteidigung einfing, ließ ich mich voll und ganz auf sie ein. Anders geht es auch gar nicht. Strafverteidigung lebt man, oder man lässt es bleiben. Sie ist rücksichtslos, ein Raubtier. Sie verschlingt dich mit Haut und Haaren. Und weil du das, was du tust, liebst, lässt du dich nicht nur bereitwillig, sondern mit Wonne verschlingen, bemerkst nicht, wie sie dich Stück für Stück verdaut.

In dieser außerordentlichen Situation, in welcher Mandanten durch die Mühlen der Strafjustiz gepresst werden, bist du als Verteidiger oftmals der einzige Mensch, der in der Lage ist, dem Staatsanwalt, Richter die Hand vom Schalter zu nehmen, zumindest das Mahlwerk auf eine für den Mandanten noch erträgliche Stufe einzustellen. Du und nur du. Niemand sonst. Du übernimmst Verantwortung für das Lebensschicksal eines Menschen. Du tauchst ein in seine tiefsten Geheimnisse, erweckst schon längst aus gutem Grund vergrabene Erinnerungen zum Leben. Immer auf der Suche nach dem »Warum?«. Immer auf der Suche nach der Wahrheit. Immer bemüht, den Anschein von der Wahrheit zu trennen. Und niemals wirklich wissend, was dich hinter dem Schein erwartet. Es mag hochtrabend klingen, doch Strafverteidigung ist gelebte Nächstenliebe und Barmherzigkeit. Sie ist die Abfolge, die Aneinanderreihung nie endender Zweifel. Am Fall, am Mandanten, an Zeugen und vor allem an dir selbst.

Sie macht süchtig, ist geprägt von einem hautnah erlebbaren Ursache-Wirkungs-Zusammenhang. Sie verzeiht keinen Fehler. Diese unerbittliche Gnadenlosigkeit lässt dir das Adrenalin im Blut pulsieren. Im Gerichtssaal kann dir niemand helfen. Von einem Augenblick auf den nächsten kann sich die Situation ins Gegenteil umkehren. In Sekundenbruchteilen musst du Entscheidungen treffen, die über Wohl und Wehe deines Mandanten entscheiden, und du musst dabei den Eindruck vermitteln, das und genau das hattest du erwartet, obgleich es deiner Verteidigerstrategie gerade eben den Boden unter den Füßen weggerissen hat. Strafverteidigung ist Pokern mit dem Schicksal eines Menschen. Und du bist als Verteidiger permanent »All in«.

Strafverteidigung gibt dir unendlich viel zurück. Das Leuchten in den Augen des Mandanten, wenn dieser freigelassen vor die Gefängnismauern tritt, der Anruf eines Kindes oder einer Ehefrau (»Ohne Sie hätte mein Mann – oder mein Vater – das nicht überlebt.«), die Pranke des gerade zu lebenslänglich verurteilten Mandanten auf der Schulter (»Alles gut, machen Sie sich keine Vorwürfe. Auch wenn es nicht geklappt hat. Ich danke Ihnen, in meinem Leben hat noch nie jemand für mich gekämpft.«).

In diesen und vielen anderen Momenten weißt du ein ums andere Mal – genau dafür bist du Strafverteidiger geworden.

Als ich begann, mir in den Gerichtssälen dieses Landes die ersten Sporen zu verdienen, wollte ich nicht nur ein guter Strafverteidiger werden, ich wollte einer DER Strafverteidiger dieses Landes werden. Alle in meiner Familie waren Leistungssportler. Zweiter zu werden, das lag und liegt uns nicht im Blut. »Der Zweite ist der erste Verlierer!«

Diesen Satz meines Vaters haben weder ich noch meine Brüder je vergessen. Er hat unser Leben geprägt. Im Positiven wie im Negativen.

Vor ein paar Jahren verschlug es mich als Verteidiger nach Indien. Ich besuchte einen hinduistischen Tempel und traf dort auf einen aus Amerika stammenden Mönch, der mir voller Glück berichtete, hier, in diesem Tempel, habe er endlich zur inneren Ruhe gefunden. Weg von all dem Streben nach beruflichem Erfolg.

Als ich mit diesem Amerikaner durch den Tempel schlenderte und er mir berichtete, wie befreiend es für ihn sei, nicht mehr dem Erfolg hinterherrennen zu müssen, sich einer, seiner inneren Ruhe hingeben zu können, war ich erleichtert, dass mein Englisch nicht ausreichte, um mit ihm über meine Sicht der Dinge sprechen zu können. Nämlich dass das Streben nach Erfolg immer mit Entbehrungen und dem Schließen von mehr oder minder faulen Kompromissen einhergeht und genau das eine wie auch immer geartete innere Ruhe geradezu ausschließt. Der Gedanke an eine innere Ruhe beunruhigt mich indes eher, als dass ich sie als erstrebenswert ansähe. Als Faust die Worte sprach: »Zu diesem Augenblicke möcht ich sagen, verweile doch, du bist so schön«, holte ihn Mephisto. Fausts innere Ruhe bedeutete für ihn den Tod.

Nein, ich will keine innere Ruhe. »... es kann das Werk von meinen Erdentagen nicht in Äonen untergehen«, sagt Faust weiter. Er ist frei von Zweifeln über das, was er schuf, frei von Zweifeln darüber, was er noch (hätte) (er)schaffen können. Ich hingegen will die Fähigkeit, zweifeln zu dürfen, zu wollen und zu können, ja zu müssen, nicht irgendeiner

»inneren Ruhe« opfern, denn nur die Zweifler, die Spinner, die Fantasten bringen die Welt voran. Gegen die widrigsten Widerstände.

Genau das ist Strafverteidigung.

Die Orte, an denen sich die Dinge ereigneten, die Namen der handelnden Personen sind verfremdet. Die Tatsachen sind es nicht.

Wie ich es schon in den *Mörderinnen* schrieb: Die grauenhaften Umstände der Taten sind bisweilen nur schwer zu ertragen. Eine dieser Geschichten habe ich dem seinerzeitigen Staatsanwalt geschickt. Sein Kommentar: »Da haben Sie die Geschehnisse aber erheblich entschärft, das Wort ›verniedlicht‹ verwende ich nur des Themas wegen nicht.«

DER BETROGENE FINANZBEAMTE

Pirche ist mit seinen knapp fünfzig Lebensjahren ein gebrochener Mann. Teilnahmslos hat er die zehn Verhandlungstage im Gericht gesessen, kaum wahrgenommen, was da um ihn herum geschah. Nur einmal blickte er auf, als seine jüngere Tochter als Zeugin vernommen wurde, als er das Wort »Papa« in ihrer unverwechselbar weichen Stimme hörte. Niemals, absolut niemals wird er begreifen können, was er an diesem sonnigen Dienstag getan hatte.

Heute, an diesem letzten Verhandlungstag, soll das Urteil gesprochen werden. Ob Gefängnis oder nicht, ob zehn Jahre, fünfzehn Jahre oder gar lebenslänglich, das macht für ihn nicht den geringsten Unterschied. Sein Leben ist ohnehin vorbei. Wenn er doch wenigstens den Mut finden könnte, seinem Leben ein Ende zu setzen. Aber den hat er nicht. Er fürchtet sich vor den Schmerzen, er fürchtet sich vor diesen letzten Minuten, diesem endgültigen Moment der Einsamkeit, in dem das Leben den Körper verlässt, er fürchtet sich vor der Stille des Todes. Aber am meisten fürchtet er sich vor dem Danach, vor Gott zu stehen und sich rechtfertigen zu müssen. Für das, was er getan hat.

Das Gericht betritt den Saal. Er quält sich aus dem Stuhl. Die Anspannung aller anderen in diesem Gerichtssaal bemerkt Pirche nicht. Er schaut nur geradeaus, ins Nirgendwo. Wie jeden Tag seit besagtem Dienstag vor nunmehr fast acht Monaten. Auch jetzt, in diesem ganz besonderen Augenblick, an dem der Vorsitzende Richter mit den Worten »Im Namen des Volkes verkünde ich folgendes Urteil …« zu sprechen beginnt, hat er die Bilder vor Augen. Nie einen vollständigen Film. Nur Fragmente, Bewegungen in Zeitlupe. Aber vor allem hat er immer und immer wieder den Geruch von frischem, warmem, pulsierendem Blut in der Nase. So als säße er noch immer in seinem Wohnzimmer, seine tote Frau im Arm haltend. Die letzten Worte seiner Frau, von denen er niemals gedacht hätte, sie sei in der Lage, solche auszusprechen, sind permanent präsent. Ohne Pause hämmern sie durch seine Gedanken. Er ist derart in der Welt jenes Dienstags verhaftet, dass er das ihn freisprechende Urteil, die anschließenden Tumulte im Verhandlungssaal, das entsetzte, wütende Aufschreien seiner ältesten Tochter, den Freudenschrei seiner jüngsten nicht mitbekommt. Er registriert nicht, dass der Vorsitzende Richter von einem ganz besonderen, ja vielleicht einmaligen Fall spricht; davon, dass das Gericht sehr lange und kontrovers darüber beraten habe, welchem forensisch-psychiatrischen Sachverständigengutachten es folgt, und schlussendlich dem von der Verteidigung eingebrachten den Vorzug gab; und man auf Grundlage dieses Gutachtens nicht ausschließen könne, dass Pirche zum Zeitpunkt der Begehung dieses Doppelmordes schuldunfähig war und deshalb nicht bestraft werden könne.

»Herr Pirche«, der Vorsitzende Richter spricht ihn an.

Galt das jetzt ihm? Der Vorsitzende ruft den Namen noch ein zweites Mal. Erst beim vierten Versuch wird Pirche aus seiner Gedankenwelt gerissen und blickt zur Richterbank auf.

»Herr Pirche, machen Sie Ihren Frieden mit dem Geschehenen. Wenn Sie weiterleben wollen, müssen Sie Ihren Frieden damit machen und sich selbst verzeihen. Ob das überhaupt möglich sein wird? Ich weiß es nicht. Aber versuchen Sie es, Herr Pirche, versuchen Sie es. Sie können nach Hause gehen. Sie sind ein freier Mann. Der Haftbefehl ist aufgehoben. Die Sitzung ist damit geschlossen.«

Die Richter erheben sich und verlassen den Saal. Plötzlich steht die Protokollführerin vor mir und drückt mir mit den Worten »Vom Vorsitzenden« einen Zettel in die Hand. »Gehen Sie mit Ihrem Mandanten hinten raus. Die Wachtmeister wissen Bescheid«, steht da geschrieben. Gemeint ist der Ausgang, über den die Untersuchungsgefangenen ins Gericht gebracht werden. Fern ab aller Kameras und fragender Journalisten. Als ich Pirche dies mitteilen will, sehe ich, wie er noch immer auf die verwaiste Richterbank starrt. Keine Mimik, nicht die geringste Geste. Keine Freude, keine Erleichterung. Seine jüngere Tochter kommt aus dem Zuschauerraum auf ihn zugestürzt und nimmt ihn euphorisch in den Arm. Pirche erwidert die Umarmung nicht, wendet seinen Blick noch immer nicht von der Richterbank ab.

»Wir sollten gehen, Herr Pirche. Jetzt«, sage ich zu ihm.

»Wohin?« Pirches Stimme ist tonlos.

»Wohin auch immer, Herr Pirche. Nur weg von hier. Die Wachtmeister bringen uns über den Gefangeneneingang raus.« Ich höre durch die noch geschlossene Tür hinter uns, wie sich auf dem Gerichtsgang die Meute an Journalisten und Kamerateams sammelt, bereit zum Sprung, sobald sich diese Tür öffnet und Pirche auf den Gang tritt.

Erst jetzt wendet sich Pirche zu mir.

»Warum tut er mir das an? Gott ist tot, Herr Bartel. Gott ist tot.«

Pirche war das personifizierte Klischee eines deutschen Finanzbeamten. Staubtrocken, gänzlich humorlos, und was seine Kleidung anging, war ein »frisches Steingrau«, um eine Loriot'sche Wendung zu benutzen, für seinen Geschmack schon sehr nahe am Kleidungsstil einer Hippiekolonie.

Pirche war ein Mann der alten Werte, so glaubte er zumindest. Der Nordpol seiner Welt war das Finanzamt, in dem er seit fünfundzwanzig Jahren Dienst tat. Der Äquator war sein Reihenmittelhaus, welches er entgegen jede seiner Überzeugungen vor zwanzig Jahren gekauft hatte, weil seine Frau das so wollte, und das er bis zum heutigen Tag abbezahlte. Der Grund seines damaligen Widerstandes war seine Überzeugung, dass sich ein deutscher Finanzbeamter nicht verschulden dürfe. Denn dadurch entstünde die Gefahr von Erpressbarkeit und Korruption. Wenn er etwas zu sagen hätte, er verböte das für alle Beamten, stattdessen gäbe er Behördenkredite aus.

Sein Südpol war die Kirchengemeinde. Seit seiner frühesten Jugend, zutiefst geprägt durch sein schon fast klösterliches Elternhaus, war er in der Kirche aktiv. Erst Ministrant, jetzt seit vielen Jahren im Gemeindevorstand. Er wäre gern Priester geworden, aber er fühlte, nicht würdig, nicht würdig *genug* für dieses Amt zu sein. Die katholische Kirche war seine moralische Instanz, gegen die er keinen Widerspruch duldete, weder in Sachen des Glaubens noch institutionell. Das Wort seiner Kirche war ihm heilig. In jeder Hinsicht und mit der tiefsten Überzeugung, dass es einem guten Katholiken keinesfalls zustünde, die Worte eines Pfarrers, eines Bischofs, gar des Papstes zu hinterfragen, geschweige denn in Zweifel zu ziehen.

Pirche war ein außergewöhnlich spiritueller Mensch. Mehrmals am Tag wandte er sich im Gebet an Gott. Dessen Gegenwart spürte er mit jedem Atemzug, jedem Zwinkern, in jedem Augenblick. Niemals hatte er einen sonn- oder feiertäglichen Gottesdienst verpasst. Auch im Urlaub nicht, egal wohin es die Familie auch verschlagen hatte. Noch bevor man die Hotelzimmer bezog, die Tür zur Ferienwohnung aufschloss, das Zelt aufbaute, wurde in Erfahrung gebracht, wo die nächstgelegene katholische Kirche steht und wann dort Gottesdienste gefeiert werden.

Hätte man Pirche nach dem Sinn seines Daseins befragt, er hätte ohne Zögern geantwortet, er wolle ein durch und durch gottgefälliges Leben führen. Wichtigstes Element – Pflichterfüllung, Pflichterfüllung und nochmals Pflichterfüllung! Bis in den Tod. Nichts als dem Wohle des Staates dienen, das war sein Lebensziel. Einen Satz, ja selbst einen Gedanken wie »Jetzt lass doch mal fünfe gerade sein« hasste er. Nicht mit ihm. Wehret den Anfängen! Der kleine Finger bedeutet den sicheren Weg zur Anarchie.

Wehe denen, für die er zuständig war. Da gab es kein Entrinnen. Zwei Monate Zahlungsaufschub für eine fünfköpfige Familie, die das für die Einkommenssteuer bestimmte und zurückgelegte Geld für die Kur ihres schwer an Asthma erkrankten Säuglings ausgegeben hatte? Tragisch zwar, aber für ihn nicht von Bedeutung. Das Gesetz kennt keine Ausnahmen. Wenn der Gesetzgeber gewollt hätte, dass in einem solchen Fall das Konto nicht gepfändet werden dürfte, hätte der es so ins Gesetz hineingeschrieben. Hat er aber nicht. Recht war dazu da, befolgt zu werden. Punkt. Ob diese Paragrafen gut oder schlecht waren, darüber hatte er als die Regeln ausführender Beamter nicht zu befinden. Das hätte sich Pirche niemals angemaßt.

Bemerkte er ein Fehlverhalten, einen Regelverstoß eines anderen Beamten, gleichgültig in welcher Dienststellung der sich befand, so meldete er diesen an dessen Vorgesetzten. Nein, nicht um sich einen Vorteil zu verschaffen. Ein solcher Gedanke war ihm gänzlich fremd. Er erwartete, forderte auf Dienstberatungen vehement ein, dass Regelverstöße ohne Ansehen der Person gemeldet werden müssten. Auch wenn ihm selbst ein solcher unterlaufen würde, was allerdings noch niemals vorgekommen war.

Aber Pirche hielt sich nicht für unfehlbar, ganz im Gegenteil. Rechthaberei war ihm fremd. Offenbarte sich in einem von ihm erlassenen Einkommensteuerbescheid ein Fehler, so war er ohne Zögern bereit, den Bescheid zu korrigieren. Auch ein Beamter kann sich irren. Irrt er sich, hat er den Irrtum postwendend zu korrigieren. Auch das verlangt das Gesetz.

Wenngleich viele Steuerberater die Augenbrauen hochzogen, hatten sie es mit ihm zu tun, so waren sie insgeheim doch froh, an ihn geraten zu sein. Denn Pirche war nicht beratungsresistent, er hörte sich die fachlichen Argumente der Steuerberater immer an und prüfte deren Richtigkeit. Von ihm bekam man niemals nur ein »Nein«, sondern immer ein »Nein, weil ...«. Wer allerdings den Versuch wagte, ihn und damit den Staat zu bescheißen, der hatte fortan mehr als schlechte Karten. Für Pirche war ein solcher Versuch, den er im Übrigen auch unverzüglich bei der Steuerfahndung zur Anzeige brachte, unverzeihlich.

Bei Beförderungen war er stets übergangen worden. Bedauern darüber, gar Neid auf die, die statt seiner Karriere gemacht hatten? Der psychiatrische Sachverständige hatte ihm diese Frage gestellt und ein ungläubiges »Wieso sollte ich denn so etwas denken?« als Antwort erhalten. »Wenn mein Dienstherr mich an anderer Stelle gebraucht hätte, dann hätte er mich dahin geschickt. Ich bin Beamter und habe dort zu dienen, wo mein Dienstherr mich haben möchte, es steht mir nicht zu, mir das auszusuchen.«

Wenn ich mit ihm in den acht Monaten in der Untersuchungshaftanstalt sprach, so erinnerte er mich unweigerlich, wenngleich nicht im Aussehen, an Heinrich Manns Figur Diederich Heßling aus dem Roman *Der Untertan*. Während ich diese, seine Geschichte aufschreibe, dünkt es mich nach all den Jahren allerdings, dass ich ihm mit diesem Vergleich Unrecht tat. Er war im Gegensatz zu Heßling kein Mensch, der nach oben buckelte und nach unten trat.

Die Familie gehörte für Pirche zu Gottes Plan für die Menschen. Familie, das war für ihn der Mann, der das Geld verdient, die nicht berufstätige Frau, die das Regiment im Haus führt, und natürlich Kinder. Für Menschen in gleichgeschlechtlichen Beziehungen empfand er ehrliches Mitleid, schloss sie bisweilen in seine Gebete ein, hoffte, es möge doch bald ein Mittel gefunden werden, das diese Abartigkeit zu heilen vermöge. Auch in anderer Hinsicht, eigentlich in jeder Hinsicht, war er in seinen Prinzipien militant katholisch. Protestant zu sein war für ihn der Inbegriff der Ketzerei, viel schlimmer noch als Muslim, Hindu, Jude oder gar Kommunist. Allein den Protestanten gab er die Schuld an all dem Elend, welches seit Luther über Europa hereingebrochen war. »Ohne Luther hätte es Hitler niemals gegeben!«, sagte er einmal zu mir.

War Pirche Rassist, Antisemit oder sonst wie überzeugt, dass ein Mensch nur wegen seines Glaubens besser sein kann als der andere? Keineswegs. Für Pirche waren alle Menschen, gleichgültig, welcher Abstammung sie waren, welche Hautfarbe sie hatten, an welchen Gott sie glaubten, ob sie überhaupt an einen solchen glaubten, Gottes Geschöpfe, denen ein guter Katholik mit Nächstenliebe und Barmherzigkeit zu begegnen hatte. Und zwar gerade den Fehlgeleiteten wie Protestanten und Muslimen oder den Kranken wie den Homosexuellen. Diese Menschen brauchten zuvorderst Hilfe, um auf den rechten Pfad zu finden.

Seine Ehe funktionierte hervorragend. Aus seiner Sicht. So wie es sein musste. Er gab keineswegs den Pascha, in die Haushaltsführung hatte er seiner Frau niemals hineingeredet. Auch in die Kindererziehung nicht. Aber er war natürlich immer für seine beiden Mädchen da gewesen, hatte nie eine Schulaufführung, nie einen Elternabend verpasst.

Was Sexualität anging, Körperlichkeit in einer Beziehung schlechthin, war seine Position ebenso eindeutig. Sex diente nach Gottes Wille ausschließlich der Fortpflanzung, ohne Ausnahme dazu, Kinder zu zeugen. Mit »Spaß haben« hatte das nichts zu tun. Seine ehelichen Pflichten hatte er stets erfüllt, die fruchtbaren Tage seiner Frau peinlich genau mittels eigens geführtem Kalender beachtet. Sex außerhalb der fruchtbaren Tage? Eine Todsünde. Dass es dennoch nur zwei Kinder geworden waren, war wohl Gottes Wille für ihn und seine Frau. Die Information, dass seine Frau unmittelbar nach der Geburt der jüngsten Tochter begonnen hatte, die Pille zu nehmen, hatte in völlig entsetzt. Schwangerschaftsverhütung? Da konnte man auch gleich Protestant werden.

Heute, an diesem Frühlingsdienstag, geht es ihm wirklich nicht gut. Seine Frau meint zwar, er sei der größte Hypochonder unter Gottes Sonne, aber das hier ist wirklich ernst. Sein Magen spielt verrückt, er hat Krämpfe, und nun kommt auch noch Durchfall dazu. Der Gedanke, vor dem offiziellen Dienstschluss, der um 16:30 Uhr ist, nach Hause zu gehen, missfällt ihm zwar ungemein, indes scheint es gar keine andere Alternative zu geben. Es ist so gegen elf, als er im Zimmer des Abteilungsleiters steht und darum bittet, ihn für heute zu entlassen, was dieser auch mit Genesungswünschen tut.

Pirche trottet zu seinem Hausarzt, gleich um die Ecke, keine dreihundert Meter vom Finanzamt entfernt.

»Tja, da haben Sie sich wohl eine kleine Lebensmittelvergiftung eingefangen, mein Lieber«, sagt sein Hausarzt und drückt ihm eine Krankschreibung bis zum Ende der Woche sowie eine Packung Kohletabletten in die Hand.

»Für den Heimweg.«

Pirche weiß nicht, wie er sich die eingefangen haben will, aber der Arzt wird's schon wissen.

»Wenn's nicht besser wird, kommen Sie morgen noch mal rum. Aber nur vormittags.«

»Ich weiß, Herr Doktor«, sagt Pirche. »Mittwoch ist Golfnachmittag.«

»Richtig. Und da wird auch nicht auf dem Handy angerufen, Herr Pirche.«

»Hab ich doch nur ein einziges Mal gemacht, und da war es dringend.«

Pirche ist etwas beschämt.

»Stimmt«, sagt der Arzt. »Sie hatten sich einen Fingernagel eingerissen und glaubten, binnen Minuten zu verbluten, zumindest sich eine tödliche Blutvergiftung zu holen.«

Gegen eins steht er an der Bushaltestelle. Er ruft seine Frau an, aber die geht weder über Festnetz noch via Handy ans Telefon. Fünfzehn Minuten muss er noch warten, bis der Bus kommt. Hoffentlich geht das gut mit seinem Durchfall, denkt er sich. Aber die Kohletabletten scheinen schon zu wirken.

Es ist ein sonniger Tag, dieser Dienstag. Pirche denkt, dass er den Mantel heute Morgen ruhig hätte zu Hause lassen können, so warm, wie es jetzt ist. Der graue Anzug hätte völlig gereicht. Er darf nicht vergessen, mit seiner Frau über das kommende Wochenende zu sprechen. Seine große Tochter will ihren neuen Freund vorstellen. Wird auch Zeit, dass sie sich mit ihren fünfundzwanzig endlich mal festlegt. Er hatte das Lotterleben seiner Tochter nie ernsthaft unterbinden können. Wie denn auch, lebte sie doch schon seit ihrem Abitur nicht mehr zu Hause, studierte erst in

Dresden und danach in Berlin. Wäre sie mal nach Münster gegangen, da wäre es gesitteter zugegangen und nicht so gottlos wie in diesen protestantischen Kolonien im Osten. Sie müssen klären, wann sie kommt. Samstag? Sonntag? Schlafen sie zu Hause oder nicht? Für den Samstag hatte er seiner jüngeren Tochter versprochen, ihr im Garten zu helfen. Da könnte sich die Große echt mal eine Scheibe abschneiden. Jeanette war mit zwanzig verheiratet, ist jetzt zum zweiten Mal schwanger und mit ihrem Mann schon mit zweiundzwanzig in ihr eigenes Haus gezogen.

Er muss, fällt ihm plötzlich ein, auch noch dringend vor dem kommenden Sonntag zum Pfarrer, die Pilgerfahrt an Pfingsten besprechen. Und seine Frau wollte doch auch noch was von ihm. Was war das denn nur? Pirche kommt nicht drauf.

Mit derlei Gedanken beschäftigt bemerkt er gerade noch rechtzeitig, dass seine Haltestelle die nächste ist. Die zweihundert Meter bis zu seinem Haus sind schnell gegangen. In seiner Garagenauffahrt steht ein weißer Polo mit rosaroten Blümchenaufklebern an der Heckscheibe. Wie oft hatte er Julia, die beste Freundin seiner Frau, schon gebeten, ihr Auto nicht dahin zu stellen, weil es, so alt, wie es ist, Ölflecke auf dem Beton der Auffahrt hinterlässt. Sie sagte dann immer, er solle sich nicht so haben, und nannte ihn »Krümelkacker«. Er mochte sie nicht, ganz und gar nicht.

In seinem Magen rumort es nach wie vor, und auch die Krämpfe haben nicht aufgehört. Ein wenig sauer ist er schon auf seine Frau, dass sie nicht ans Telefon gegangen ist und er sie nicht hatte bitten können, ihn abzuholen. Aber wenn Julia da ist, dann ist das natürlich kein Wunder.

Er schließt die Haustür auf und geht ins Haus. Um seine Schnürsenkel zu öffnen, bückt er sich etwas und hört beide Frauen aus dem Wohnzimmer. Sie lachen.

»Gott, hat der mir seinen Schwanz reingerammt. Ein Riesenschwanz, kein Stummelschwänzchen wie der von Peter.«

Das ist der erste Satz, den er von seiner Frau hört.* Er hat noch seinen Mantel an, seine Schuhe sind geöffnet, die Haustür ist noch nicht geschlossen, nur angelehnt.

Erschütterung bis ins Mark. Pirche ist wie versteinert. Worüber reden die? Das kann doch nur aus dem Fernseher kommen. Oder sie erlauben sich einen gar üblen Scherz mit ihm. Sicher haben die beiden ihn kommen sehen, als er die Auffahrt hochlief. Er schaut in Richtung Wohnzimmer. Beide Frauen kann er durch die Scheibe in der Wohnzimmertür schemenhaft erkennen, sie sitzen auf dem Sofa, dessen Rückseite zur Tür hin steht. Nein, kein Fernseher. Nein, kein verstohlener Blick der beiden in Richtung Flur, ob er denn das Haus schon betreten und ihre Absicht, ihn zu ärgern, bereits Früchte getragen hätte.

---

* Was in den wenigen Minuten danach geschah, hat Pirche dem psychiatrischen Sachverständigen bis ins letzte Detail geschildert. Er konnte die Formulierungen nahezu wörtlich wiedergeben, so sehr hatten diese sich in sein Gedächtnis eingebrannt. Ich habe lange mit mir gerungen, ob ich das Gespräch der beiden Frauen Wort für Wort wiedergeben soll. Was Pirche hörte, was er erfuhr, es überstieg in jeder Hinsicht alles, was er je für möglich gehalten hatte. Es war nicht die Tatsache des Ehebruchs schlechthin, welche Pirches Weltbild zusammenbrechen ließ, es war nicht (nur) das »Dass«, es war vor allem und entscheidend das »Wie«. Und das wird nur greifbar, wenn man die Dinge so beim Namen nennt, wie es die beiden Frauen getan haben.

Nein, sie haben ihn nicht bemerkt.

»Du musst mir das haarklein erzählen. Ich will alles wissen«, spornt Julia seine Frau an. »Also nochmal von vorn. Du wusstest, dass er kommt …«

»Ja, ich wusste, dass er kommt. Und ich hab gehofft, dass er kommt, nicht nur einmal.«

Wieder dieses widerliche Lachen von beiden Frauen.

»Also, gestern im Fitnessstudio hab ich eine große Packung von irgendeinem Zeug bei ihm gekauft und ihn gefragt, ob er mir das denn auch morgen Vormittag ganz persönlich nach Hause liefern könnte. Die Packung wäre ja schon ganz schön schwer. Ich kam mir ziemlich nuttig vor, als ich das ›ganz persönlich‹ betonte.«

Julia lacht wieder und äfft seine Frau nach: »Ob er das gaaaaaaaaanz persönlich liefern könnte. Köstlich.«

»Dieser Knackarsch hat gleich verstanden, was ich will. Er grinste sehr charmant und sagte: ›Ist zehn Uhr recht, schöne Frau?‹ Ich wollte das gar nicht, aber ich habe plötzlich ohne Nachdenken zu ihm gesagt, er könne bei mir kommen, wann immer er wolle. Meine Adresse habe er ja.«

»Herrlich, meine Liebe, herrlich. Weiter«, kichert Julia.

»Als Peter heute Morgen weg war, wusste ich gar nicht, was ich zuerst machen sollte. Die sind ja alle unten rasiert heutzutage. Sollte ich das auch machen? Ich in die Badewanne, Peters Rasierer genommen und bis auf einen kleinen Streifen weg damit. Noch ehe ich überlegen konnte, was ich anziehe, klingelt es. Ich meinen Morgenmantel schnell drübergezogen, weil ich dachte, das ist die Post oder so. Ich mach die Tür auf, und ohne auf eine Aufforderung zu warten kommt der rein, macht die Tür hinter sich zu, sagt kein Wort, schaut mir in die Augen, greift dabei mit einem Finger in den Gürtel des Morgenmantels, öffnet ihn und streift ihn mir noch an der Haustür von den Schultern. Ich stehe vollkommen nackt vor diesem jungen Kerl, der mich von oben bis unten mustert, dann angrient und ›Lecker‹ sagt.«

Pirche steht noch immer bewegungslos, paralysiert an der Haustür. Ihm ist schwindlig, die Beine werden weich. Um nicht umzukippen, hält er sich an dem Heizkörper neben der Tür fest.

»Wow, der geht ja ran. So einen möcht ich ja auch mal zwischen die Finger bekommen. Beziehungsweise so einem zwischen die Finger geraten«, hört Pirche Julia amüsiert sagen.

»Er kam ganz nah an mich heran und schob mir seine Finger zwischen die Beine. Ich war schon ganz feucht. ›Hey, da sind ja noch Haare, ist man gar nicht mehr gewohnt‹, hat er gesagt. Und mir dann ins Ohr geflüstert, ich solle auf die Knie gehen. Und wie ich das mache, zieht er seine Jogginghose runter, und ich habe sein Prachtstück im Gesicht. Hast du das schon mal gemacht?«

»Ach Kleines, was dir doch alles entgangen ist! Was du alles durch diesen Knochen verpasst hast! Wie oft hab ich dir gesagt, du sollst ihn zum Teufel schicken.«

Julias Stimme klingt traurig.

»Aber ab heute holst du alles nach.« Jetzt kichert sie wieder.

»Es war so geil. So geil, ihm von unten in die Augen zu schauen. Er gab mir Befehle, was ich zu tun hatte. Das war irre.«

Pirches Hand hält sich krampfhaft am Heizkörper fest. Die Welt um ihn herum beginnt sich wie wild zu drehen.

»Dann wurde sein Schwanz immer dicker in meinem Mund, seine Stöße immer heftiger. Ich hab ihn gar nicht ganz reinbekommen. Plötzlich spritzte er. Eine Riesenladung. In mein Gesicht, meinen Mund, auf meine Brüste. Dass das so geil aussieht, Wahnsinn. Das meiste ist an den Heizkörper neben der Tür gegangen, muss ich noch abwischen, bevor Peter nach Hause kommt. Sein Prachtstück wurde danach nicht mal ein kleines bisschen kleiner. Gott, wie hat der mich dann genommen. Überall im Haus haben wir es getrieben. Ich konnte, als er ging, fast gar nicht mehr laufen.«

Pirches Frau und Julia kichern und kichern und kichern. Sie prosten sich zu. Gläser klingen.

Pirche nimmt angeekelt die Hand vom Heizkörper. Jetzt bemerkt auch er die Ablaufspuren, die Tropfnasen. Und sie beschmutzen den Namen Gottes!

Während seine Frau ihrer Freundin haarklein erzählt, wie es weiterging, dass sie den allerersten Orgasmus ihres Lebens hatte und es das Geilste gewesen wäre, als der Typ, während er sie im Schlafzimmer durchs Ehebett scheuchte, seinen Riesenschwanz ohne Vorwarnung in ihrem Po versenkte, geht Pirche wie durch einen Tunnel in die Küche. Noch immer im Mantel und mit geöffneten Schnürsenkeln. Er greift sich auf dem Weg ins Wohnzimmer quasi im Vorbeigehen das erstbeste Messer aus dem Messerblock. Ein großes Fleischermesser. Er geht von hinten an das Sofa heran. Keine der beiden Frauen bemerkt ihn. In einem Zug packt er Julia mit der linken Hand an den Haaren und stößt ihr das Messer von oben nach unten in den Hals, sodass sie sofort und auf der Stelle zusammensackt. Noch ehe seine Frau reagieren kann, hat er auch sie an den Haaren gepackt, den Kopf nach hinten gedrückt und das Messer zweimal durch die Kehle seiner Frau gezogen. Es geht alles so schnell, dass keine von beiden auch nur einen Laut von sich geben kann. Beide sind sofort tot.

Es ist Abend geworden an diesem Dienstag. Das Haus ist dunkel, als die jüngste Tochter zum Haus ihrer Eltern kommt. Dass die Haustür offen steht, nur angelehnt ist, kommt ihr seltsam vor. Sie geht einen halben Schritt hinein, schaltet das Licht im Flur an und ruft nach ihrem Vater, nach ihrer Mutter. Keine Antwort. Sie will schon wieder gehen, als sie aus dem Wohnzimmer ein Wimmern hört. Klingt das nicht wie ihr Vater? Sie schaltet das Licht im Flur an und geht in Richtung Wohnzimmer, dessen Tür weit offen steht. Ihr Blick fällt auf einen in einer großen Blutlache sitzenden Mann, der ihr Vater ist. In seinem hellen Trenchcoat, einem dunkelgrauen Anzug mit offenen Schuhen, eine Frau, ihre Mutter, im Arm haltend, deren Kopf über dem linken Arm des Mannes hängt und am Hals eine riesige Wunde hat. Ihr Vater streichelt die Stirn seiner Frau, küsst diese unentwegt und wippt mit seinem Oberkörper vor und zurück. Dabei murmelt er unaufhörlich: »Warum hast du das getan, warum hast du das getan? Ich liebe dich doch, ich liebe dich doch.«

Als die Beamten der Mordkommission ihn später am Abend bitten, seine Frau loszulassen, verabschiedet er sich von ihr mit einem letzten Kuss und den Worten: »Ich verzeihe dir.«

Der Tag der Urteilsverkündung. Später Nachmittag.

»Hältst du das wirklich für eine gute Idee, Papa?«

Pirche sitzt auf dem Beifahrersitz neben seiner jüngeren Tochter in deren Auto. Sie hat ihn nach der Urteilsverkündung vom Gericht direkt zum Haus ihrer Eltern gefahren.

»Gib mir bitte die Schlüssel, Liebes«, erwidert Pirche.

»Soll ich mit reinkommen?«

Pirche schüttelt den Kopf.

»Ich will einen Moment alleine sein«, sagt er, steigt aus dem Wagen aus und geht, ohne sich umzudrehen, durch den kleinen Vorgarten.

»Ich warte hier noch einen Moment, Papa«, ruft seine Tochter durch das offene Beifahrerfenster hinter ihm her.

Pirche schließt die Haustür auf. Acht Monate war er nicht hier. Alles wirkt unverändert. Seine Schuhe im Schuhregal, seine Lederjacke und der blaue Mantel seiner Frau an der Garderobe, die Hüte seiner Frau auf der Ablage, ihre Handtasche auf dem kleinen Tisch an der Wand zwischen der Tür zur Gästetoilette und der zur Küche. Er glaubt, sogar noch das Parfüm seiner Frau zu riechen. Am Garderobenspiegel hängen drei vergilbte Fotos, er und seine Frau am Strand auf Sylt, ein Bild seiner Töchter bei einer Schulaufführung als Peter Pan und Glöckchen verkleidet und ein Bild, das er immer liebte: die ganze Familie jubelnd auf einem Alpengipfel. Er zieht dieses Foto aus dem Rahmen des Spiegels heraus und geht, den Blick nicht von diesem Foto abwendend, in Richtung Wohnzimmer. Die Tür ist nur angelehnt, er drückt sie ein wenig auf. Unsicher, zögernd, ängstlich. Ein weiß gestrichener Raum ohne Möbel, ohne den beigen Teppichbelag, nur der blanke, graue, offenbar neu gegossene Estrich. Pirche verharrt eine gefühlte Ewigkeit im Türrahmen stehend. Dann dreht er sich abrupt um und geht schnellen Schrittes in den Keller. Den in seiner kleinen Werkstatt befindlichen Safe kann er ohne Probleme öffnen, die Zahlenkombination ist unverändert. Das, was er sucht, ist zu seiner Überraschung noch darin. Er nimmt diesen Gegenstand, wirft einen prüfenden Blick darauf und steckt ihn in seine Manteltasche.

Zurückgekehrt ins Wohnzimmer setzt sich Pirche im Schneidersitz genau an die Stelle, an der er seine tote Frau an besagtem Dienstag in den Armen gehalten hatte. Ohne Zögern holt er den Gegenstand aus dem Safe aus seiner Manteltasche, spannt den Hahn des Revolvers, hält sich den Lauf schräg unters Kinn und drückt ab. Draußen vor dem Haus hört seine Tochter den Schuss.

EPILOG

Warum wurde Pirche nicht verurteilt? Er hat zwei Menschen getötet. Das tat er vorsätzlich. Und heimtückisch, denn keine der beiden Frauen rechnete im Moment des Angriffs mit einem solchen, sie waren arg- und wehrlos. Damit war Pirche im Sinne des Gesetzes ein Mörder.

Aber: Ein Angeklagter kann nach dem Gesetz nur dann bestraft werden, wenn die Tat ihm persönlich vorwerfbar ist, wenn er schuldhaft gehandelt hat. Das ist dann nicht der Fall, wenn dem jeweiligen Angeklagten zum Zeitpunkt der Tat die Fähigkeit fehlte zu erkennen, dass er Unrecht tut und/oder er seine Handlungen nicht mehr bewusst steuern konnte, zum Beispiel weil er an einer psychischen Erkrankung litt, betrunken war und/oder unter Drogen stand. Ein Unterfall ist die sogenannte tiefgreifende Bewusstseinsstörung, also ein Zustand der nicht krankheitsbedingten Beeinträchtigung der Wahrnehmungs- und Erlebnisfähigkeit. Der bedeutsamste Anwendungsfall ist dabei der hochgradige Affekt. Pirche unterlag einem solchen, und zwar in einem Ausmaß, dass er nicht mehr Herr seiner Entscheidungen war. Damit handelte er ohne Schuld. Der Freispruch war die Konsequenz, zumal er unverschuldet in diesen affektiven Zustand geraten war.

Nun mögen viele vielleicht denken: Das ist ja einfach! Da kann ja jeder im Nachhinein auf Affekt machen!

Weit gefehlt!

Einen Sachverständigen, gar ein Gericht vom Vorliegen eines schuldausschließenden, also eine Bestrafung verhindernden Affektes zu überzeugen ist ausgesprochen schwer, und nur in absoluten Ausnahmefällen wird dies gelingen. Natürlich gibt es von der Wissenschaft entwickelte Merkmale, aus denen auf das Vorliegen eines Affektes geschlussfolgert werden kann (etwa keine Planung der Tat, tiefe emotionale Erschütterung nach der Tat, sich selbst der Polizei stellen usw.). Beschreibungen von affektiven Zuständen finden sich übrigens schon bei Platon (Lust, Leid, Begierde und Furcht) und Aristoteles (Begierde, Zorn, Furcht, Mut, Neid, Freude, Liebe, Hass, Sehnsucht, Eifersucht und Mitleid). Die heute noch weitgehend geltende Klassifizierung von Affekten geht auf einen Mann namens Wilhelm Wundt zurück. Er unterteilte diese in sthenische (Wut, Zorn, Eifer) und asthenische Affekte (Angst, Furcht, Schrecken). Aber all das ist keine Mathematik. Nuancen entscheiden. Und selbst wenn das Vorliegen einer affektiven Bewusstseinsstörung angenommen wird, ist es immer noch fraglich, ob es sich um eine »tiefgreifende« handelt und wie »tiefgreifend« diese denn war.

Einen Sachverständigen in diesem Zusammenhang zu überlisten – das gibt es nur im Film.

Der von der Staatsanwaltschaft beauftragte Sachverständige hatte die Problematik eines Affekts und dessen Auswirkungen auf die Schuldfähigkeit Pirches meiner Ansicht nach in seinem Gutachten nur unzureichend problematisiert. Daher bat ich einen weiteren Sachverständigen, meinen Mandanten zu untersuchen und sich zur Frage der Schuldfähigkeit, insbesondere zu derjenigen eines möglichen schuldausschließenden Affektes, zu äußern. Mehr kann man als Verteidiger nicht tun.

Um eines absolut klarzustellen: Ein solcher Ausgang des Verfahrens ist auch für den besten Verteidiger nicht planbar.

Letzten Endes war allerdings etwas ganz anderes ausschlaggebend für diesen Ausgang des Verfahrens. Ohne dieses entscheidende Momentum wäre das Lebenslänglich für Pirche absolut unvermeidbar gewesen.

Was war dieser alles entscheidende Umstand? Wem oder was verdankte Pirche seine Freiheit? Nein, nicht der Kunst des Verteidigers (na ja, vielleicht ein wenig), nicht Ermittlungsfehlern von Polizei und/oder der Staatsanwaltschaft (die es hier nicht gab), nicht irgendwelchen unerwarteten Zeugenaussagen in der Verhandlung. Auch hat sich das Gericht in seinem Urteil nicht geirrt.

Es war Geld. Geld entschied diesen Prozess. Pirche hatte Geld. Und das nicht zu knapp.

Nein, es ist kein Richter, kein Staatsanwalt oder Polizeibeamter bestochen worden. Und nein, der von mir beauftragte psychiatrische Sachverständige hat kein Gutachten nach dem Motto »Wessen Brot ich ess, dessen Lied ich sing« erstattet und das Gericht sozusagen hinters Licht geführt.

Wie ist die Ausgangslage in einem solchen Verfahren? Schon im Ermittlungsverfahren beauftragt die Staatsanwaltschaft einen forensisch-psychiatrischen Sachverständigen mit der Erstellung eines Gutachtens zur Frage der Schuldfähigkeit des Beschuldigten bei der Tat. Standardprozedur in Kapitalverfahren. Jeder Staatsanwalt hat da seinen »Liebling«. In diesem Stadium des Verfahrens hat man als Verteidiger keinen Einfluss auf die Auswahl des Sachverständigen, denn die Strafprozessordnung sieht eine Anhörung des Beschuldigten oder des Verteidigers zur Person des Sachverständigen nicht vor. Das Gutachten des von der Staatsanwaltschaft beauftragten Sachverständigen bleibt in der Regel das einzige Gutachten. Ist es zu den Akten gelangt, so verharrt es dort mitsamt seinen Schlussfolgerungen wie in Granit gemeißelt. Nur in ganz seltenen Fällen gelingt es der Verteidigung, ein solches Gutachten zu erschüttern. Mögen die Einwendungen der Verteidigung bei der Befragung des Sachverständigen fachlich noch so begründet sein, das Gericht wird diesem, »seinem« Gutachter folgen. Will man ein Gutachten in seinem Kern angreifen, dessen Schlussfolgerungen zu Fall bringen, verspricht nur die Einholung eines eigenen Gutachtens Erfolg. Aber nicht von irgendeinem beliebigen anderen Sachverständigen. Es muss sich dann schon um eine Koryphäe auf dem Gebiet der forensischen Psychiatrie handeln, einen Gutachter, der über jeden fachlichen wie persönlichen Zweifel erhaben ist. Einen Gutachter, bei dem es der seitens der Staatsanwaltschaft beauftragte Sachverständige noch nicht einmal in Gedanken wagt, dessen Fachkompetenz infrage zu stellen. Indes, weil die Verteidigung an einem Gutachter und seinem Gutachten etwas auszusetzen hat, wird das Gericht keinen weiteren Sachverständigen beauftragen. Das muss der Angeklagte dann schon selbst tun. Den muss ein Angeklagter dann aber auch selbst bezahlen, was die meisten nicht können. Hier hatte Pirche den erforderlichen fünfstelligen Betrag, um so eine Koryphäe zu gewinnen.

Es heißt immer, jeder Beschuldigte, jeder Angeklagte habe das Recht auf die beste Verteidigung. Das ist nur die halbe Wahrheit. Die ganze lautet vielmehr: »Jeder hat das Recht auf die beste Verteidigung, die er sich leisten kann.«

Übrigens: Die ausschlaggebende Tatsache, die den Sachverständigen und diesem folgend das Gericht überzeugte, war diese: Pirche tötete mit dem erstbesten Gegenstand, dem er habhaft werden konnte – einem Messer. Er ging nicht etwa in den Keller und holte seinen (legalen) Revolver aus dem Safe. Dass dort ein Revolver lag, war dem Sachverständigen bekannt, wobei ich heute nicht mehr sagen kann, woher. Ich kann auch nicht mehr nachvollziehen, warum er dort noch lag, warum er nicht bei der Durchsuchung des Hauses sichergestellt worden war. Wahrscheinlich hatte man das vergessen, denn der Revolver war ja nicht tatrelevant.

Vielleicht eine letzte Frage? Warum Freispruch und nicht die Psychiatrie? Nun, die zwangsweise Einweisung in ein psychiatrisches Krankenhaus kommt nur bei psychischen Erkrankungen in Betracht, wenn wegen der Erkrankung die Gefahr der Begehung weiterer gefährlicher Straftaten besteht. Ein Affekt ist keine Erkrankung, und auch eine Wiederholungsgefahr besteht nicht. Denn ein zweites Mal hätte Pirche seine Ehefrau nicht töten können.

DER DRÜCKER

»Das Gesetz lässt keine Ausnahme von der durch die Kammer verhängten lebenslangen Freiheitsstrafe zu. Noch niemals zuvor haben wir das so bedauert, wie in dem hier zu entscheidenden Fall. Damit soll keinesfalls zum Ausdruck gebracht sein, wir hätten Verständnis für das, was die Angeklagten getan haben, oder billigten es gar. Die Angeklagten haben die höchste Schuld auf sich geladen, die man strafrechtlich und moralisch auf sich laden kann. Sie haben einen Menschen getötet. Vorsätzlich, geplant und heimtückisch. Sie waren voll schuldfähig. Damit sind sie Mörder.«

Der Vorsitzende macht eine kleine Pause.

»Aber verdienen sie im Vergleich zu anderen Verbrechen des Mordes, wenn mir diese ganz und gar undogmatische Frage erlaubt ist, die Verhängung einer lebenslangen Freiheitsstrafe? Die Schuld der Angeklagten wiegt schwer, sehr schwer. Keine Frage! Aber wiegt sie angesichts ihrer Motive so schwer, ihnen bis ans Ende ihres Lebens, und das bedeutet nun mal entgegen weit verbreiteter Auffassungen eine Verurteilung zu einer lebenslangen Freiheitsstrafe, die Freiheit zu nehmen? Die Kammer meint nein. Hier wäre die Verhängung einer zeitigen Freiheitsstrafe, also einer solchen bis maximal fünfzehn Jahren Gefängnis, gerechter, schuldangemessener gewesen.

Die Umstände dieser Tat sind außergewöhnlich, die Verzweiflung, in der die Angeklagten, insbesondere der Angeklagte Dießler, sich nachvollziehbar und erwiesenermaßen wähnten, ist, so glauben wir, für alle greifbar geworden. Sie waren unverschuldet in ein menschenverachtendes System geraten. Ein System, geprägt von Ausbeutung, Demütigung, Drohungen, Gewalt, Angst um das eigene Leben und das ihrer Liebsten.

Sähe das Gesetz einen minderschweren Fall des Mordes vor, so fiele die Tat der Angeklagten sicher unter diesen Tatbestand. Aber es gibt im Gesetz keinen minderschweren Fall des Mordes und damit keine Möglichkeit, von der nach dem Gesetz einzig möglichen Strafe, nämlich einer lebenslangen Freiheitsstrafe, abzuweichen. Damit ist die heutige Sitzung geschlossen.«

Die Stimme des Vorsitzenden ist verstummt. Für einen Moment herrscht völlige Stille in diesem bis auf den letzten Platz gefüllten Verhandlungssaal. Dann sind die Stühle der Richter leer, das Gericht hat den Saal verlassen.

Ich starre, mein Kinn auf die Hände gestützt, regungslos geradeaus. Alles und jeder um mich herum bewegt sich dagegen plötzlich in hektischer Betriebsamkeit. Fotografen drängeln sich vor dem Tisch der Angeklagten und der Verteidiger. Behängt mit Fotoapparaten, Blitzlichtern und riesigen Objektiven. Die Auslöser der Kameras klicken, deren Motoren surren.

Die Stimmen der Fotografen sind fordernd. Journalisten rufen meinen Namen, den des Verteidigers des anderen Angeklagten und den der Staatsanwälte. Die Journalisten bemühen sich um die Wette, an alle auf einmal heranzukommen, um im Idealfall das erste, zumindest aber irgendein Statement zu ergattern. Dabei drängeln sie mit den Fotografen und Fernsehleuten um die Wette.

Die Zuschauer verlassen schleppend den Saal, diskutieren schon das Urteil und dessen Begründung. Schon während des Prozesses waren die Meinungen gespalten, was mit den Angeklagten zu geschehen habe, würden sie verurteilt. In der hintersten Ecke des Verhandlungssaales brüllt ein Journalist einer Nachrichtenagentur in sein Funktelefon. Er scheint hier noch nicht so oft gewesen zu sein, ansonsten wüsste er, wie bescheiden der Empfang in diesem Gerichtsgebäude ist. Übrigens eine in Beton gegossene Scheußlichkeit in Würfelform. Man ist darin ständig auf der Suche nach der Borg-Königin aus *Star Trek*.

Die Wachtmeister beginnen bei den Angeklagten mit der Fesselungsprozedur. Erst an den Füßen, dann an den Händen. Sie legen eine Kette um den Bauch und befestigen die Verbindungsketten von den Händen und den Füßen an ihr. Als das erledigt ist, greifen sie den Angeklagten unter die Arme, um ihnen das Aufstehen zu erleichtern und auch um zu verhindern, dass diese auf den ersten Metern ob der Fesselung an den Füßen stolpern.

Ich schaue durch all das hindurch. Hinaus zur großen Linde, die im Innenhof des Gerichts steht. Deren Blätter scheinen sich wie in Zeitlupe zu bewegen. So wie alles um mich herum. Gedanken schießen mir durch den Kopf, wobei ich nicht realisiere, ob ich diese nur denke, vor mich hin murmele oder gar laut herausschreie.

»Das zweite lebenslänglich in einer Woche!«

Es waren die ersten beiden Verurteilungen von mir verteidigter Mandanten zu lebenslangen Freiheitsstrafen in meiner noch sehr jungen Verteidigerlaufbahn, in meinen ersten beiden Mordprozessen. In einem Fall wollte ich einen Freispruch, im zweiten Fall maximal zwölf Jahre erreichen.

»Du hast versagt, komplett versagt! Sie sind dir in nicht einem einzigen Argument gefolgt, in nicht einem einzigen beschissenen Argument. Was, bei Zeus fettem Arsch, hast du Trottel übersehen?«, hämmert es durch meinen Kopf.

Dießler steht schon mit dem Rücken zu mir. Die Wachtmeister schieben ihn mit sanfter Bestimmtheit hinaus aus dem Saal in Richtung Fahrstuhl.

»Einen Moment bitte«, sagt Dießler zu den Wachtmeistern, dreht sich um und tippelt mit zwei, drei Schritten ganz nah an meinen Stuhl heran, so nah, dass er mit seinen an der Bauchkette fixierten gefesselten Händen gerade so an mich heranreicht. Er hebt beide Arme ein Stück und legt eine Hand auf meine Schulter.

»Nehmen Sie es sich nicht so zu Herzen. Es ist, wie es ist. Sie haben gekämpft wie ein Löwe, wie ein ganzes Rudel Löwen.«

Ich drehe mich zu meinem Mandanten und schaue zu ihm hoch.

Ich schüttele den Kopf. »Es tut mir leid.«

»Nichts muss Ihnen leidtun. Sie haben an mich geglaubt. Sie haben für mich gekämpft. Es gab bisher in meinem Leben noch keinen Menschen, zu dem ich das sagen konnte. Danke. Von ganzem Herzen. Zitierten Sie vorhin nicht Oscar Wilde? Am Ende wird alles gut, und wird es nicht gut, ist es nicht das Ende. Kommen Sie, Kopf hoch!«

Ich schleiche aus dem Verhandlungssaal. Glücklicherweise haben sich die Fernsehteams auf meinen Kollegen gestürzt, der umringt von Kameras und Mikrofonen in einer Ecke des langen Ganges vor dem Verhandlungssaal steht und sich der vielen Fragen kaum erwehren kann. Ich wäre jetzt sicher nicht in der Lage, ein vernünftiges Interview zu geben.

»Herr Bartel, einen Moment bitte. Ich brauche von Ihnen noch einen kurzen Kommentar.« Ich schaue hoch und stehe vor dem Pressesprecher des Landgerichts, dem ich gedankenverloren in die Arme gelaufen bin.

Sein Gesicht offenbart auf einmal eine gewisse entsetzt überraschte Ungläubigkeit. »Das… das wusste ich gar nicht. Warum steht das denn nicht auf Ihrem Briefkopf?«, stammelt er. Dabei starrt er auf meine Krawatte.

Ich habe nicht die geringste Ahnung, was er meint, und schaue an mir herunter. »Scheiße!«, denke ich. »Nicht auch das noch!« Um meinen Hals ist die Absolventenkrawatte der Havard University geschlungen, ein Geburtstagsgeschenk meines Bruders. Mehr fremde Federn geht gar nicht. In der Hektik und Aufregung dieses Tages hatte ich offenbar im Schrank mächtig daneben gelangt. Die Überraschung des Pressesprechers kann ich mehr als verstehen. Wer einen Abschluss an einer der Eliteuniversitäten dieser Welt geschafft hat, schreibt das sicher auf den Briefkopf seiner Kanzlei.

Irgendwie muss ich aus dieser Nummer herauskommen, und zwar ohne zugeben zu müssen, mich mit fremden Federn geschmückt zu haben. Nur wie? Mehr intuitiv als durchdacht sage ich: »Ach wissen Sie, ich habe das nur für mich gemacht.«

Diese Worte lassen die Ungläubigkeit in seinem Gesichtsausdruck weichen. Stattdessen komplette, ehrlich empfundene Fassungslosigkeit.

»Wir müssen. Der Flieger wartet nicht.« Eine Journalistin tippt mir von hinten auf die Schulter und erlöst mich aus dieser Situation. Als ich mich von ihm verabschiede, übrigens ohne Statement zu diesem Fall, muss ich mir ob seiner immer noch entsetzten Mimik ein Schmunzeln mit aller Kraft verkneifen. Am Abend sitze ich dann zum ersten Mal als Gast in einer Fernsehtalkshow. Thema: »Deutschlands Drückerszene«.

Dieses Mal wollte Uwe Dießler alles besser machen. Unbedingt. Eine geregelte Arbeit, keine krummen Dinger mehr. Eine Familie gründen, Kinder großziehen. Eine Wohnung. Ein kleines Auto. Ein ganz normales Leben leben, so wie alle anderen auch. Mit diesen Vorsätzen verlässt Dießler den Knast. Er ist Mitte dreißig und hat in den letzten zwanzig Jahren fast die Hälfte dieser Zeit im Gefängnis verbracht. Nicht am Stück. Immer mal wieder. Lange war er jedenfalls nie draußen. Auf mehr als zwanzig Vorstrafen hat er es schon gebracht. Seit er mit vierzehn das erste Mal vor einem Strafrichter stand. Autos hat er geklaut, in Wohnungen ist er eingebrochen, Keller hat er leer geräumt, mit geklauten Schecks hat er bezahlt, mit gestohlenen EC-Karten Geld abgehoben, selbst für den Enkeltrick war er sich nicht zu schade und hat auf diese Weise alte Damen um ihr Geld gebracht. Erwischt wurde er immer schon nach kurzer Zeit. Gewalt war ihm allerdings fremd. Kein Raub, keine Körperverletzungen oder gar noch Schlimmeres.

Wie er in diese Spirale hineingeriet? Er kann sich nicht

mehr erinnern. Er war es gewohnt, so zu leben. Meinte, nichts anderes kennengelernt zu haben, seit er mit zwölf oder dreizehn von zu Hause weggelaufen war, auf der Straße lebte, bis man ihn wieder einfing, er wieder weglief und das Spiel von vorn begann. Aber dieses Mal, ja dieses Mal wollte er alles besser machen. Die Worte des Richters aus der letzten Verhandlung hatten ihn ins Mark getroffen. Einen Berufskriminellen hatte dieser ihn genannt, der sich zu fein für ehrliche Arbeit sei. Berufskriminell? Nein, das wollte er auf keinen Fall sein.

Er hatte sich einen Plan zurechtgelegt. Punkt 1: Das Ruhrgebiet verlassen, weg von allen Bindungen, die er dort hatte. Fort von allen Menschen, die er und die ihn kannten. Punkt 2: Eine Arbeit suchen. Punkt 3: Wohnung suchen.

In Berlin war er mehr gestrandet als bewusst angekommen. Aber dort, so dachte er, wird es sicher Arbeit geben. Die ersten Tage kam er in einem Obdachlosenheim der Bahnhofsmission unter. Mit all seinen Sachen, all seiner Habe, was nicht mehr ausmachte als zwei Reisetaschen. Mehr hatte er nicht. Und natürlich sein Überbrückungsgeld, mit dem er sehr knausrig umging. Schließlich musste es reichen, bis er eine Arbeit gefunden hatte.

Schon am zweiten Tag ging er zum Arbeitsamt. Zum einen, um nach Arbeit Ausschau zu halten. Zum anderen, um Arbeitslosengeld zu beantragen. Letzteres erwies sich als totales Desaster, denn man war dort offenbar für ihn nicht zuständig. Als Entlassungsadresse hatte er diejenige seiner Eltern im Ruhrgebiet angegeben, zu denen er allerdings schon seit vielen, vielen Jahren keinerlei Kontakt mehr hatte. Damit war er dort polizeilich gemeldet und eben nicht in Berlin. Erst müsste er sich, so die Dame hinter dem Schreibtisch, auf dem Arbeitsamt in der Stadt seiner Eltern arbeitslos melden, dann nach Berlin umziehen, sich beim Einwohnermeldeamt anmelden, und dann könnte und würde man seine Unterlagen aus Essen anfordern. Das könnte dann schon mal zwei, drei Monate dauern. Bis dahin gäbe es keine Chance, irgendwie an Geld zu kommen. Es sei denn, er begäbe sich nach Essen.

Dießler ließ sich davon nicht runterziehen, er war nach wie vor voller Optimismus, wenngleich ihm die Abende und Nächte im Obdachlosenheim mächtig zusetzten. Mit Alkohol hatte er noch nie etwas am Hut gehabt, mit Drogen gleich gar nicht, und auf sein Äußeres achtete er überaus penibel.

»Selbst im Obdachlosenheim bin ich ein schwarzes Schaf, ein Sonderling«, dachte er sich.

An einen ruhigen Schlaf war kaum zu denken, denn ständig lief man Gefahr, dass einem das Wenige, was man besaß, gestohlen wurde. Am ersten Abend büßte er so seine Lederjacke ein. Lehrgeld.

Ins Ruhrgebiet konnte und wollte er nicht zurück. Er hatte Angst, dort wieder hängen zu bleiben, führe er dahin. Womöglich könnte er der Versuchung, irgendeinen alten Kumpel zu besuchen, nicht widerstehen. Er würde sich wieder bequatschen lassen, bei einem Bruch mitzumachen. Schließlich galt er als »Meister der Schlösser«. Alles begänne von vorn. Nein, er musste es hier und jetzt schaffen.

Jeden Tag ging er zum Arbeitsamt, um nach neuen Stellen zu schauen. Aber der Arbeitsmarkt war wie leer gefegt, zumindest für Leute wie ihn ohne Berufsausbildung und ohne jede Berufserfahrung, egal in welchem Beruf. Im Knast war er immer Hausarbeiter, hatte also Essen und Wäsche verteilt. Das ist nichts, womit man sich wirklich für irgendeine Tätigkeit qualifiziert. Vierzehn Tage ging das nun schon so, bis er an einem Montagvormittag wieder an dem großen Brett stand, an welchem die offenen Stellen ausgehängt waren. Seine finanziellen Reserven waren nahezu aufgebraucht. Fünfundzwanzig Mark hatte er noch in der Tasche.

Unvermittelt sprach ihn ein Mann über die Schulter an.

»Ich habe Sie schon ein paarmal hier gesehen. Sie suchen Arbeit? Ich hätte da was für Sie. Ich kann gute Leute immer gebrauchen.«

Dießler drehte sich um. Dieser Mann machte einen sehr seriösen Eindruck, trug Jeans, Hemd und Sakko.

»Ich bin Inhaber einer größeren Handelsvertretung, die für verschiedene, sehr namhafte Unternehmen arbeitet. Und ich suche immer nach Nachwuchs, aber leider findet man nur selten geeignetes Personal. Sie, mein Lieber, heben sich von dem ab, was einem sonst hier an Losern begegnet. Sie sind passabel gekleidet und können sich verständlich machen. Verzeihen Sie, ich hatte die Tage mal ein Gespräch mitgehört, was Sie mit einem anderen Mann hier auf dem Gang geführt hatten. Dombrowski mein Name. Interessiert?«

Dießler empfand diese Begegnung als einen Glücksfall, fast wie eine göttliche Fügung.

»Na aber ja doch«, antwortete er.

»Kommen Sie, lassen Sie uns einen Kaffee trinken gehen.

Ich erkläre Ihnen alles, und dann können Sie sich entscheiden.«

Sie gingen zum Parkplatz, wo der Mann in einen dicken Benz einstieg. Machte auf Dießler mächtig Eindruck.

Während der kurzen Fahrt wollte dieser Mann einiges von Dießler wissen. Wo er herkommt, wo er zurzeit wohnt, ob er eine Ausbildung hat. All die Dinge, die ein Chef in einem Vorstellungsgespräch nun mal so fragt, dachte sich Dießler. Er erzählte alles bereitwillig, vom Knast, vom Obdachlosenheim und davon, dass er weder Familie noch Freunde habe. Der Mann hatte eigentlich nur eine einzige Nachfrage, nämlich ob er trinke oder Drogen nähme, was Dießler verneinte. Irgendwie hatte Dießler den Eindruck, dass seine Geschichte, seine Lebensumstände diesem Mann schon bekannt waren. Misstrauisch machte ihn das jedoch nicht. Warum auch? Jedenfalls schien dieser Dombrowski ihm trotz seiner Geschichte einen Job geben zu wollen.

Dann saßen sie sich in einem für Dießlers Verhältnisse sehr noblen Kaffeehaus gegenüber.

»Also, mein Lieber. Meine Firma ist in ganz Deutschland tätig. Es gibt verschiedene Gruppen, die auch immer mal wieder gemischt werden, damit jeder vom anderen noch etwas lernen kann. Und jede Gruppe arbeitet für einen längeren Zeitraum in einem bestimmten Gebiet in Deutschland, meistens in einer Großstadt. Wir, besser gesagt, ich stelle für die ganze Gruppe eine große Wohnung oder ein Haus zur Verfügung, in dem die Mitarbeiter wohnen können. Damit man mobil ist, steht meist auch ein Auto vor der Tür. Zurzeit verkaufen wir Verträge für Handys. Angefangen habe ich mal mit Zeitschriftenabonnements, aber das macht heutzutage niemand mehr so gern. Ich teile euch die Straßen zu, die an dem betreffenden Tag bearbeitet werden müssen. Da geht es dann von Haus zu Haus, von Tür zu Tür. Abends komme ich vorbei und sammle die Verträge ein, die ihr abgeschlossen habt. Danach wird die Provision berechnet, gute Leute kommen da schon mal auf fünftausend Mark im Monat. Davon wird dann noch ein kleiner Teil für die Wohnung abgezogen. Das ist aber nicht viel pro Nase. Und ein bisschen für das Auto. Die Kosten werden ja immer durch die ganze Gruppe geteilt. Also wer gut arbeitet, gut verkauft, der hat sicher im Durchschnitt jeden Monat dreitausend Mark auf der Hand.«

Dießler versuchte seiner Euphorie Herr zu werden.

»Und wo ist der Haken? Wenn das so einfach wäre, würden das doch alle machen.«

»Kein Haken. Aber jeder kann das natürlich nicht. Tag für Tag bei Wind und Wetter an fremder Leute Türen klingeln und sie davon überzeugen, dass man ein gutes Produkt hat. Da braucht man Mut. Da muss man zäh sein. Und eben auch das zwanzigste Mal klingeln, obwohl neunzehn Türen einem sofort vor der Nase wieder zugeschlagen worden sind. Jeder hat da so seine Methode, wie er die Leute anspricht. Das muss man herausfinden. Aber das schaffen Sie, da habe ich keinen Zweifel. Es kann natürlich auch sein, dass ich sage, dass ich Sie morgen in irgendeiner anderen Stadt brauche. Da muss man flexibel sein.«

»Wenn's nicht gerade das Ruhrgebiet ist.«

»Das kann ich berücksichtigen. Kein Problem. Hatte ich die Aufstiegschancen schon erwähnt? Ich habe vor zehn

Jahren ganz unten angefangen, und jetzt bin ich Chef von über fünfzig Leuten. Hab mich hochgearbeitet. Vom einfachen Verkäufer über den Leiter einer solchen Gruppe, dann Gebietsleiter, und vor drei Jahren kaufte ich meinem damaligen Chef seine Firma ab. Ehrlich gesagt, ich habe ausgesorgt, ich müsste nicht mehr arbeiten, aber es macht mir einfach Spaß.«

Dießler war Feuer und Flamme. Arbeit und eine Wohnung. Dreitausend Mark im Monat. Besser ging es doch gar nicht.

»Ich bin dabei. Wenn ich was kann, dann reden. Reden konnte ich schon immer. Wann könnte ich denn anfangen?«

»Na, wenn Sie keine Zeit mehr zum Überlegen brauchen, von mir aus sofort. Wir holen Ihre Sachen ab, und ich bringe Sie gleich ins Haus, da ist noch ein Zimmer frei. Sie richten sich ein wenig ein, lernen heute Abend die anderen der Gruppe kennen. Und morgen früh erkläre ich Ihnen unser Produkt. Natürlich nur, wenn Sie wollen. Wenn nicht, bedanke ich mich für Ihre nette Gesellschaft. Der Kaffee geht selbstverständlich auf mich.«

Eine Stunde später betritt Dießler sein neues Zuhause, ein kleines Reihenmittelhaus in einer dieser nach der Wende neu gebauten Siedlungen am Stadtrand von Berlin. Er bekommt ein Zimmer im Obergeschoss, einfach, aber geschmackvoll eingerichtet. Bett, Schrank, ein kleiner Schreibtisch, ein Sofa nebst Couchtisch. Für Dießlers Verhältnisse geradezu luxuriös.

»Ich muss jetzt wieder los«, sagt Dombrowski. »Auf dem

Küchentisch liegt eine Nachricht für die anderen, damit die Bescheid wissen und Sie nicht für einen Einbrecher halten. Die müssten so gegen sechs oder sieben Uhr abends zurück sein. Richten Sie sich ein, ruhen Sie sich aus, und morgen früh startet ihr neues Leben.«

Dießler steht allein in seinem Zimmer.

»Auspacken, erst einmal auspacken«, sagt er sich vergnügt.

Er beginnt, seine wenigen Habseligkeiten aus den beiden Reisetaschen in den Kleiderschrank zu räumen. Auf dem Schreibtisch steht ein kleines Radio mit CD-Player. Als Dießler es anschaltet, eigentlich um Radio zu hören, ertönt von CD eine Kindermelodie, und nach kurzer Zeit beginnt ein Mann zu sprechen. »Die Märchen der Gebrüder Grimm – Hans im Glück.« Ja, genauso fühlt er sich. Endlich hat auch er einmal Glück. Nur dass er das, was er hier gefunden hat, um keinen Preis der Welt wieder eintauschen wird. Ein eigenes Zimmer, sein eigenes Zimmer, einen Job mit einem guten, ja bestimmt sehr guten Verdienst. Und weit weg von allen Umständen, Gelegenheiten und Menschen, die ihm doch immer wieder Probleme bereitet haben, wegen derer er immer und immer wieder schwach geworden war.

Er geht durchs Haus, schaut in alle Zimmer hinein. Aufgeräumt und sauber ist dieses Haus. Selbst das Geschirr des Frühstücks war abgewaschen worden, bevor man zur Arbeit ging. Da wird er sich wohl ein wenig umstellen müssen, denkt sich Dießler, denn, was er sich eingestehen muss, er ist ein kleiner Schlamper. Na, eigentlich ein großer. Aber warum sich nicht auch in dieser Hinsicht ändern!? Neuanfang!

Vier andere Menschen scheinen hier zu wohnen. An einer Zimmertür verweilt er länger. Kinderspielzeug liegt auf dem Boden. Auf einem Wäscheständer Kindersachen und Damenwäsche. Daher also die CD.

Als letztes Zimmer inspiziert er das Bad. Eine Badewanne. Er vermag sich nicht mehr zu erinnern, wann er das letzte Mal in einer Badewanne lag. Dießler schaut auf die Uhr. Kurz vor drei am Nachmittag. So gegen sechs oder sieben kommen die anderen? Genug Zeit für ein Bad. Hans im Glück denkt er sich abermals, als er unter einem Berg von Schaum in dem heißen Wasser untertaucht.

Später in der Küche, als er vor dem Kühlschrank steht, kommt Dießler in den Sinn, dass es doch ein guter Einstand wäre, bereitete er für die anderen das Abendessen vor. Wenn alle zusammen essen, lernte man sich auch viel schneller kennen. Also macht er sich auf den Weg zum Supermarkt, der ganz in der Nähe war, wenn er sich richtig erinnert. Er war mit Dombrowski auf jeden Fall an einem vorbeigefahren.

Kurz vor sechs ist alles fertig. Spaghetti bolognese. Das dürfte wohl jeder essen, denkt er sich. Auch das kleine Mädchen, das hier wohnt. Der Tisch ist gedeckt, das Wasser für die Nudeln sprudelt vor sich hin.

Dießler sieht ein Auto vor dem Haus einparken und hört kurz darauf die Haustür. Er zwingt sich, »cool« zu bleiben, obwohl er aufgeregt ist wie ein kleines Kind. Er rennt die Treppe ins Obergeschoss hoch. Warum, weiß er selber nicht so genau. Vielleicht will er ein klein wenig das »Wer-hat-von-meinem-Tellerchen-gegessen«-Schneewittchen-Gefühl haben.

Zwei Männer betreten das Wohnzimmer mit der offenen Küche. Der gedeckte Tisch kann keinem entgangen sein. Ebenso wenig der Duft von frisch gekochter Tomatensoße. Aber keiner der beiden Männer reagiert.

Aus dem Flur hört er eine fröhliche, ja begeisterte Kinderstimme.

»Mama, es riecht nach Tomatensoße!« Das kleine Mädchen.

»Halt, junges Fräulein. Hier geblieben. Erst die Schuhe ausziehen und die Jacke an den Haken.«

Eine klare, unmissverständliche und deutliche Anweisung. In der Stimme der Mama liegt etwas unglaublich Warmes, denkt sich Dießler. Er ist von dieser Stimme wie verzaubert.

Mit den Worten »Oh, wer hat uns denn da überrascht?« tritt die Mama des kleinen Mädchens aus dem Flur heraus.

»Offenbar ein neues Opfer«, sagt der jüngere von den beiden Männern, die als Erste ins Haus gekommen waren, jetzt auf dem Sofa sitzen und schon den Fernseher eingeschaltet haben.

Das ist aber eine komische Formulierung, denkt sich Dießler, aber wenigstens lag in der Stimme dieses Mannes keine Feindselig-, vielmehr nur gänzliche Gleichgültigkeit. Der andere Mann, merklich älter als er selbst, wirkt auf Dießler irgendwie gestört. Der sitzt regungslos und von jeglicher Emotion befreit auf dem Sofa. Allerdings kerzengerade, die geschlossenen Knie angewinkelt. Seine Hände liegen auf den Knien. Dann holt er aus seiner Umhängetasche ein paar Zettel heraus und zählt diese. Einmal, zweimal, dreimal, viermal.

»Hallo!«, ruft die junge Frau in Richtung Obergeschoss. »Guten Abend. Soll ich die Spaghetti schon mal in den Topf werfen? Das Wasser kocht.«

»Ja, gerne!«, ruft Dießler zurück. »Bin gleich da.« Er springt die Treppe hinunter.

»Da bin ich. Guten Abend, ich bin Uwe«, sagt er und macht dabei einen kleinen Knicks mit einer ausladenden Handbewegung, als wäre er ein Musketier.

Die junge Frau lacht und macht auch einen Knicks. »Ich bin Lady Jeanette.«

Dießler schaut ihr das erste Mal in die Augen. Er hat das Gefühl, keine Luft mehr zu bekommen. Er spürt, wie sein Herz überläuft. Jeanette mag vielleicht zweiundzwanzig, höchstens fünfundzwanzig Jahre alt sein. Einen halben Kopf kleiner als er, ein klein wenig untersetzt, blonde schulterlange lockige Haare, die sie gerade mittels eines Haargummis zu zähmen versucht, stattlicher Busen.

Dießler dreht sich zu dem kleinen Mädchen.

»Und Ihr, Mylady, wer seid Ihr?«

»Wir?«, fragt das kleine Mädchen »Das auf dem Sofa sind Thorsten und Heiko. Sie wohnen auch hier. Heiko ist ein bisschen komisch. Er ist ein … Mama, wie heißt das Wort, was Heiko ist?«

»Heiko ist nicht komisch, Prinzessin. Heiko ist Autist.«

»Also Heiko ist Autist«, sagt das Mädchen zu Dießler.

»Und du bist die Prinzessin?«, lacht Dießler sie an.

»Nein, keine richtige, das sagt Mama nur immer. Eigentlich heiße ich Maggie.«

»Dann Prinzessin Maggie, es freut mich, Euch kennenzulernen.«

Dießler verbeugt sich und macht wieder diese ausladende Armbewegung.

»Hast du gekocht, Onkel Uwe?«

»Ja, habe ich. Und lass das Onkel weg. Nur Uwe.«

»Maggie, bring bitte deine Sachen nach oben. Hände waschen und dann an den Tisch. Beeil dich, wenn du noch was im Fernsehen sehen möchtest. Hey Jungs, kann mir mal jemand helfen, die Spaghetti abzugießen? Und der Müll müsste noch raus.«

So fühlt sich also Familie an, denkt sich Dießler. Ein Gefühl, das ihn schier überwältigt.

Wenig später sitzen sie alle am großen Tisch. Maggie schlürft die Spaghetti genüsslich in sich hinein, immer einzeln, sodass sich die Tomatensoße um ihren kleinen Mund herum verteilt und das Wischtuch, welches ihr ihre Mutter um den Hals gebunden hat, vor Tomatensoße nur so strotzt.

»Wo hat er dich denn aufgegabelt?«, fragt der jüngere Mann, Thorsten, Dießler.

»Meinst du mit *er* Herrn Dombrowski?«

»Wen denn sonst?«

»Auf dem Arbeitsamt. Ich habe nach einem Job gesucht, und da hat er mich angesprochen.«

»Er wird böse sein. Kein guter Tag heute. Kein guter Tag. Nur fünf hab ich. Nur fünf. Er wird mit mir schimpfen.« Heiko macht ganz und gar keinen glücklichen Eindruck.

Dießler weiß nicht so recht, was, ja ob er darauf reagieren, ob er nachfragen soll. Aber die anderen ignorieren ihn. Dann tut er das auch, denkt er sich.

»Geht er jetzt schon dort auf die Jagd!«

Während Thorsten spricht, schaut er nicht von seinem Essen auf.

»Viel Spaß hier! Hoffentlich ergeht es dir besser als dem, dessen Zimmer du geerbt hast.«

Seine Stimmlage ist so zynisch, dass Dießler hellhörig werden müsste. Wird er allerdings nicht. Seine Blicke, seine Gedanken sind einzig und allein bei Jeanette. Er genießt jede ihrer Bewegungen. Selbst wenn sie nur ihre Gabel zum Mund führt oder ihrer Tochter eine Ladung Tomatensoße aus dem Gesicht wischt, tut sie das in seinen Augen mit der Anmut und der Grazie einer Primaballerina.

Das Telefon klingelt.

»Wenn man vom Teufel spricht«, sagt Thorsten, geht zum Telefon und nimmt ab.

»Guten Abend. ... Ja, der ist da ... Ja, das mach ich. Ich erklär ihm alles ... War heute kein guter Tag. Neun, acht und fünf.«

Thorstens Stimme, eben noch stark und selbstbewusst, hat jetzt einen demütigen Ton, eine fast schon unterwürfige Attitüde.

»Wir bemühen uns doch. Sind den ganzen Tag unterwegs, ohne Pause. Es sind Ferien, die Leute sind nicht zu Hause ...«

Was der Mann am anderen Ende der Leitung sagt, ist nicht zu verstehen, aber er schreit. Lautstark.

»Nein, nein, Sie müssen nicht nachhelfen. Wir kriegen das schon hin. Versprochen.«

Thorstens Stimme wechselt ins Ängstliche. Es kostet ihn sichtbar Überwindung, die nächste Frage zu stellen.

»Kommen Sie denn diese Woche auch vorbei wegen der Abrechnung?«

Die Stimme aus dem Telefon wird noch lauter, hysterisch.

»Ja, Herr Dombrowski, wir wissen alle, dass wir Schulden bei Ihnen haben, aber wir müssen ja auch etwas essen, und das Auto braucht Benzin. Es können doch nicht alle Verträge ins Storno gegangen sein? ... Danke, vielen Dank. Damit kommen wir zwei Wochen aus. Danke, Herr Dombrowski. Bis demnächst und noch einen schönen Abend.« Wieder die vollkommene Unterwürfigkeit.

Nachdem Thorsten aufgelegt hat, setzt er sich wieder an den Tisch.

»Wir kriegen zweihundertfünfzig Mark. Das muss reichen für die nächsten zwei Wochen, inklusive Benzin. Mit Verdienst ist nichts.«

Die anderen reagieren darauf nicht. Bestenfalls mit einem kaum merklichen Kopfnicken.

Dießler will sich nicht einmischen, nicht einmal nachfragen. Außerdem ist er davon überzeugt, es besser zu machen. Nur neun Verträge am Tag? Da würde ich mich an Stelle von Dombrowski aber auch aufregen. Der zahlt hier ja schließlich alles.

»Ich soll dir alles erklären«, sagt Thorsten. »Machen wir morgen früh, bevor wir losfahren. Um acht in der Küche. Wer zuerst wach ist, macht Kaffee.«

Acht Monate später. Sommer.

War er glücklich?

Ja, das war er.

Und er war es auch wieder nicht.

Sie waren noch immer zusammen. Er, Thorsten, der Autist Heiko, Jeanette und Maggie. Noch immer in diesem Haus am Stadtrand von Berlin. Dießler kannte mittlerweile die Geschichten von allen. Und wie sie zu dem wurden, was sie teilweise seit Jahren, er seit Monaten, sind – Drücker. Bevor er zu dieser Truppe kam, kannte er dieses Wort nicht. Und schon gar nicht die Sitten und Gebräuche dieser Branche.

Thorsten.

Thorsten wollte sein Leben lang Olympiasieger werden. In seiner Vorstellungswelt gab es, seit er ein kleines Kind war, nichts anderes, als bis zur vollständigen Erschöpfung über eine Tartanbahn zu rennen, über eine Latte zu springen oder eine runde flache Scheibe durch ein Stadion zu schleudern. Zehnkämpfer war er früher und auf einer Sportschule. In einem Trainingslager brach er bei einem Übungslauf zusammen. Bei der anschließenden Untersuchung stellte der Arzt einen Defekt in der Lunge fest. Nichts Gravierendes, nichts Lebensbedrohendes, aber dennoch etwas, das ihn untauglich für den Leistungssport machte, sodass er von der Sportschule abgehen musste. Das Absurde war, dass sein Zusammenbruch rein gar nichts mit seinem Lungendefekt zu tun hatte, vielmehr mit einer Lebensmittelvergiftung durch verdorbenes Essen aus der Schulkantine.

Er hatte keinen Plan B. Thorstens Leben war an Strukturen ausgerichtet, er brauchte ein festes Reglement, um sich zurechtzufinden. Selbstständigkeit war Thorstens Stärke nicht, Kreativität und Selbstbestimmung für ihn eher das Werk des Teufels als erstrebenswerte Eigenschaften. Hier in diesem Leben in einer Drückerkolonne fand er ein mit dem strengen Trainingsregime vergleichbares Leben. Anweisungen, wann er wohin zu gehen und was er dabei zu tun hat. Er trieb die anderen der Gruppe an und kämpfte gegen sich teilweise breitmachende Lethargie und Mutlosigkeit.

Heiko.

Heikos Eltern waren vor vielen Jahren, da war er Anfang zwanzig, bei einem Autounfall ums Leben gekommen. Er lebte danach in einem Heim, bis er von dort weglief. Da er schon volljährig war, suchte niemand nach ihm. Er war eben weg. Wie er an Dombrowski geriet, hat er nie erzählt, aber er war derjenige, der am längsten dabei war. Schon einige Jahre. Als Autist brauchte auch er feste Strukturen. Sein stetig gleichbleibendes Umfeld. Eine sich niemals verändernde Aufgabe. Identische Abläufe. Er konnte noch nach Wochen sagen, wann sie an welcher Tür geklingelt hatten, ob geöffnet wurde und, wenn ja, wie die Menschen reagiert hatten, denen sie einen Mobilfunkvertrag oder ein anderes Produkt aufzuschwatzen versuchten.

Jeanette.

Sie waren ein Paar geworden. Schon zwei Wochen nach seinem Einzug. Eine kleine Familie. Vater, Mutter, Kind. Dießler liebte sie vom ersten Augenblick an. Und natürlich auch die kleine Maggie, die ihn schon nach kurzer Zeit zu ihrem Papa machte und das auch jedem sagte. Er war so unglaublich stolz, wenn dieser kleine blonde Engel einem anderen Menschen sagte, er sei ihr Papa. Wer der wirkliche Vater war, darüber hat Jeanette niemals ein Wort verloren. Es müssen traumatische Geschehnisse gewesen sein, die sie dazu bewegt hatten, mit ihrer Tochter wegzulaufen und alle Brücken hinter sich abzubrechen. Im Gegensatz zu den anderen verlor sie niemals ein Wort über ihre Eltern, über ihre Kindheit, über den Ort, an dem sie aufgewachsen war. Eines Nachts, während er schlief, war sein Arm irgendwie auf ihr Gesicht gefallen. Es kam ihr wohl so vor, als hätte er sie geschlagen. Sie schrie auf, sprang aus dem Bett, griff sich eine auf dem Nachttisch stehende Flasche, zerschlug sie an der Heizung und schrie: »Ich bring dich um, wenn du mich anfasst, bring ich dich um.« Es hatte damals Stunden gedauert, sie wieder zu beruhigen.

In »seinen« beiden Frauen hatte Dießler Halt gefunden. Es war Familie. Das war groß. Das war schön. Er genoss das Gefühl, für jemanden Verantwortung übernommen zu haben, und sei es auch nur in diesen ganz kleinen Dingen, wie dafür zu sorgen, dass Maggie spätestens um acht im Bett lag, eigentlich viel zu spät für ein viereinhalbjähriges Mädchen.

Und er trug Jeanette auf Händen, las ihr jeden Wunsch von den Augen ab. So sehr, dass sie ihn bisweilen bremsen musste.

Die Worte »Ich liebe dich« – sie war der erste Mensch, der sie nicht nur zu ihm sagte, sondern diese auch so meinte.

So glücklich er mit seiner Familie war, so sehr machte sich ansonsten Verzweiflung breit. Nach einigen Wochen erzählte ihm Thorsten nach langem Drängen, was mit seinem Vorgänger passiert war. Er hatte dem permanenten Druck Dombrowskis, dessen herabwürdigender Art und Weise und wohl auch dessen Bestrafungen durch Schläge nicht mehr standgehalten und sich vor einen Regionalexpress geworfen. Einen Monat bevor Dießler in das Haus einzog.

Die Arbeit als Drücker erwies sich als Albtraum. Dießler war voller Enthusiasmus gestartet. Mobilfunkverträge und Zeitschriftenabos verkaufen, das konnte nun wahrlich nicht schwer sein. Schließlich waren die Produkte gut. Sie verkauften keinen Schund, sondern Verträge von Mannesmann oder Abos namhafter Zeitungen wie *Spiegel*, *Focus*, *Die Bunte*, *TV Spielfilm* usw. In den ersten Wochen waren seine Verkaufszahlen mit Abstand die schlechtesten der Gruppe. Er konnte sich das nicht erklären. Er sprach Menschen auf der Straße in den Fußgängerzonen an, klingelte an hunderten von Wohnungen, pries die Vorteile seiner Produkte an, hatte sich sogar, was die Mobilfunkverträge anging, Vergleichszahlen besorgt und rechnete den Leuten, mit denen er sprach, ihre Ersparnis vor, wenn sie bei ihm einen Vertrag abschlössen. Nichts führte zum Erfolg. Was machten die anderen besser als er?

Nach vierzehn Tagen ging er zusammen mit Thorsten auf Tour. Das war eigentlich nicht erlaubt, jeder sollte für sich arbeiten, unabhängig von den anderen. An verschiedenen Orten, Straßen, Gebieten, die ihnen täglich durch Dombrowski zugewiesen wurden.

»Und, hast du 's jetzt gerafft?«, fragte Thorsten Dießler an einem Stehtisch in einer Bäckerei.

»Ja, du bescheißt die Leute! Du erzählst denen, das sei

ein Probeabo, das nach einem Monat automatisch endet. Das tut es doch gar nicht. Nur wenn sie nach einem Monat kündigen. Und wenn sie das im Vertrauen auf das, was du ihnen gesagt hast, nicht tun, dann haben die ein Abo an der Backe und kommen nicht mehr raus.«

»Und?«, Thorsten schien das nicht zu berühren. »Die könnten sich doch den Vertrag auch durchlesen. Machen sie aber nicht. Selbst schuld.«

Dießler war angewidert. Wieder Betrug. Damit wollte er doch nichts mehr zu tun haben.

»Mir ist aufgefallen, dass du nie das aktuelle Datum auf die Verträge schreibst. Gibt's dafür einen Grund?«

»Sag mal, kommst du vom Mond?«, erwiderte Thorsten. »Hast du dir mal die Formulare durchgelesen? Auch das Kleingedruckte am Schluss? Die können den Vertrag widerrufen. Zwei Wochen ab Vertragsschluss. Wer kann sich schon erinnern, wann genau er das unterschrieben hat?! Außerdem sage ich denen immer, dass sie die Kopie des Vertrages mit der Auftragsbestätigung zugeschickt bekommen. Dann setze ich ein anderes Datum ein. Und schon ist der Vertrag nicht mehr widerrufbar.«

»Und wenn jemand sich beschwert?«

»Sollen sie doch. Ich habe das Original und die keine Kopie. Wie wollen die das beweisen?«

Dießler war fassungslos. Nein, so würde er das auf keinen Fall machen. Das wäre ja wieder der sichere Weg ins Gefängnis.

Nach vierzehn Tagen kam der Tag der ersten Abrechnung. Dießler rechnete mit nicht sonderlich viel, aber doch mit achthundert Mark, vielleicht auch tausend. Er hatte sich schon überlegt, was er mit dem Geld machen würde. Auf jeden Fall wollte er Maggie etwas kaufen. Und vielleicht mit Jeanette und der Kleinen ein Wochenende an die Ostsee fahren.

An diesem Freitagnachmittag fuhr Dombrowski mit seinem großen Mercedes vor. Dießler sah ihn das erste Mal seit ihrem Treffen auf dem Arbeitsamt, dem Tag seines Einzugs. Und erlebte sein blaues Wunder. Dombrowski stürmte herein und schrie, sie sollten alle auf der Stelle in die Küche kommen. Er bezeichnete sie als »faule Schweine«, »Parasiten, die auf seine Kosten lebten«, als »undankbares Pack«. Dießler hatte in Erwartung Dombrowskis Kommen Kaffee gekocht, Kuchen gekauft und den Tisch gedeckt.

Als Dombrowski das sah, steigerte sich seine Wut.

»Ah, man lebt wie Gott in Frankreich!«, schrie er voller Zynismus, nahm einen Stuhl und zerschlug diesen auf dem Küchentisch, sodass das ganze Geschirr zu Bruch ging.

Fast alle Verträge seien ins Storno gegangen, erfuhren sie. Nichts, rein gar nichts hätte er verdient, nur Kosten hätte er gehabt, für das Haus, für Essen, für das Auto.

Dießler wollte etwas sagen, doch Thorsten hielt ihn am Arm fest und nuschelte ihm zu, dass es das nur noch schlimmer machen würde.

Dann präsentierte Dombrowski die Abrechnung. Jedem Einzelnen separat. Es waren handschriftliche Blätter, auf denen scheinbar völlig zusammenhangslos Zahlen geschrieben waren. Jedenfalls konnte Dießler nicht nachvollziehen, was Dombrowski da ausgerechnet und aufgeschrieben hatte. Angeblich wären alle seine Verträge widerrufen worden. Als Dießler meinte, dass er das nicht verstünde, denn seine Kunden hätten die Verträge ja nach sorgfältiger Beratung durch ihn unterschrieben, packte Dombrowski ihn mit beiden Händen an seinem Poloshirt und zog ihn ganz dicht an sich heran: »Wenn du es noch einmal wagst, mich zu beschuldigen, dich zu bescheißen, brech ich dir jeden Knochen.«

Dann stieß er Dießler auf seinen Stuhl zurück und schob ihm das Blatt hin: »Unterschreib.«

Dießler fasste sich ein Herz und fragte: »Was bedeutet das – 850 DM?«

»Du schuldest mir 850 Mark. Denkst du, das hier ist alles umsonst? 300 Mark Miete pro Woche, 100 Mark für Essen und 50 Mark Anteil an den Autokosten.«

»Aber das Geld habe ich doch gar nicht.«

»Wenn du irgendwann mal was verdienst, wird das mit deinem Anteil verrechnet.«

»Ich bekomme heute also gar kein Geld? Dann macht das doch hier gar keinen Sinn. Warum soll ich dann noch bei Wind und Wetter rausgehen. Da war ich doch im Obdachlosenheim besser dran.«

»Wer nichts arbeitet, bekommt auch kein Geld.«

Dombrowski beugte sich bedrohlich nach vorn. »Hast du gerade an sowas wie ›kündigen‹ oder gar abhauen gedacht? Du wirst so lange für mich arbeiten, bis deine Schulden bezahlt sind. Bis auf den letzten Pfennig. Wenn du das nicht tust, dann gnade dir Gott. Ich werde dich überall finden. Sieh zu, dass du in die Gänge kommst. Jetzt verschwinde und schick mir den Behinderten rein.«

Nach zwei weiteren Monaten kapitulierte Dießler. Vor der Situation, vor sich selbst. Er begann die Leute genauso zu bescheißen, wie Thorsten es ihm geschildert hatte. Seine Schulden waren auf fast fünftausend Mark angewachsen. In den zwei Monaten hatte er nicht einmal dreihundert Mark ausbezahlt bekommen. Und dennoch verschwendete er noch keinen Gedanken daran, sich eine andere Arbeit zu suchen und von dort wegzugehen. Er liebte Jeanette, und er liebte Maggie.

Aber er sah wieder den Betrüger, wenn er morgens in den Spiegel schaute. Und er hasste dieses Bild.

Doch schon wenn er die Stimme der kleinen Maggie hörte, waren all seine Zweifel verflogen. Das durfte nicht zu Ende gehen. Seine zaghaften, verschlüsselten Versuche, mit Jeanette über die Situation zu sprechen, sie hatten keinen Erfolg. Sie direkt mit seinen Ängsten zu konfrontieren, dazu fehlte ihm der Mut, denn sie beklagte sich niemals über das, was Dombrowski mit ihnen machte, und er befürchtete, es täte sich dann irgendwie ein Graben zwischen ihnen auf, den er zu schließen nicht in der Lage wäre.

Der Sommer kam, und damit standen auch die Geburtstage von Jeanette und Maggie bevor. Die ersten, die sie als Paar verbringen würden. Er wollte eine große Kindergeburtstagsüberraschungsparty organisieren. Und er wollte seiner Jeanette an ihrem Geburtstag bei einem romantischen Abendessen einen Heiratsantrag machen. Natürlich mit einem Verlobungsring. Dazu brauchte er allerdings Geld. Die Anzahl seiner »Zettel«, also der Verträge, hatte sich merklich erhöht. Er log, er fälschte Unterschriften und Daten. Er brauchte, so hatte er ausgerechnet, tausend Mark.

Aber ein ums andere Mal hielt er nach den Abrechnungen nur Almosen in den Händen. Das konnte alles nicht stimmen.

Eines Abends saßen er, Thorsten und Heiko noch eine Runde Skat spielend in der Küche zusammen. Jeanette und Maggie waren schon zu Bett gegangen. Dießler fasste sich ein Herz und sprach das Thema Abrechnung an. Darüber zu sprechen galt als absolutes Tabu. Nach Dombrowskis Willen sollte und durfte keiner vom anderen wissen, was der andere verdient.

»Sagt mal«, Dießler versuchte so beiläufig wie irgend möglich zu wirken, »könnt ihr eure Abrechnungen nachvollziehen?«

Dießler schaute in die Runde. Heikos Mimik und Gestik blieben unverändert, als hätte er das, was Dießler gefragt hatte, gar nicht registriert. Thorsten blickte auf und legte seine Karten nieder.

»Hör auf damit!«, sagte er eindringlich. »Und nein.«

»Ich meine ja nur, ich schreibe Verträge um Verträge, und immer wieder heißt es, die wären fast alle ins Storno gegangen. Ich kann mir das nicht vorstellen. Jeder Handelsvertreter bekommt eine exakte Abrechnung, zum Beispiel mit den Namen der Kunden, die den Vertrag storniert haben. Wenn man das wüsste, könnte man ja zu den Leuten noch mal hingehen, vielleicht überlegen die es sich ja noch anders. Und dann die Kosten für Miete usw. Ich möchte mal wissen, was das Haus hier an Miete kostet. Jedem von uns berechnet er dreihundert Mark die Woche.

Das sind fast viertausendachthundert Mark im Monat. Nie im Leben kostet dieses Haus so viel Miete. Höchstens zweitausend, allerhöchstens.«

»Du solltest damit aufhören«, Thorsten wurde bestimmter in dem, was er sagte. »Lass uns einfach nur Skat spielen. Bitte!«

Als Dombrowski das nächste Mal zur Abrechnung kam, rief er wieder alle in die Küche. Sie mussten sich in einer Reihe aufstellen. Auch die kleine Maggie.

Dombrowski baute sich wie ein Drill-Sergeant vor ihnen auf, die Hände hinter seinem Rücken. Er hatte da irgendeinen Gegenstand versteckt. Was, konnte keiner erkennen.

»Ich habe gehört, dass ihr mit meinen Abrechnungen unzufrieden seid, ich euch nicht das bezahle, was euch zusteht«, begann er.

»Bist du unzufrieden?«, fragte er Thorsten, der auf seine Füße schaute und heftig mit dem Kopf schüttelte.

»Und du, Jeanette?«

»Nein, natürlich nicht, Herr Dombrowski.«

»Heiko auch nicht, das weiß ich. Dann bleibt ja nur noch einer übrig.«

In Dombrowskis Stimme lag beißender, aggressiver Zynismus.

»Dann werd ich dich mal angemessen bezahlen, du Ratte.«

Dombrowski zog hinter seinem Rücken einen Baseballschläger hervor, holte aus und schlug Dießler damit ins Gesicht. Durch die Wucht des Schlags krachte Dießler rücklings gegen den Küchenschrank und blieb benommen liegen. Aus seinem Mund sprudelte das Blut nur so heraus. Dießler krümmte sich vor Schmerzen. Jeanette hielt Maggie, die entsetzt »Papa!« gerufen hatte, die Augen zu, nahm sie auf den Arm und stürmte die Treppe nach oben. Heiko rührte sich nicht. Thorsten machte einen Schritt nach vorn auf Dießler zu.

Dombrowski nahm den Schläger hoch und schaute Thorsten in die Augen. »Wage es nicht, ihm zu helfen! Oder du liegst neben ihm!«

Dombrowski beugte sich über den am Boden liegenden Dießler.

»›Papa‹, wie süß. Ich hatte dich gewarnt. Und das hier war meine letzte Warnung im Guten. Wagst du das noch ein einziges Mal, schlag ich dich tot. Hier hast du deine Abrechnung.«

Dombrowski nahm ein zusammengefaltetes Blatt Papier aus seinem Sakko und stopfte es in Dießlers blutenden Mund.

Dann legte er einen Zwanzig-Mark-Schein auf den Tisch. »Dein Verdienst für letzte Woche.«

Dombrowski verließ ohne ein weiteres Wort das Haus. Thorsten wartete, bis er die Tür ins Schloss fallen hörte, und kniete sich dann neben Dießler. Mit einem Handtuch aus der Küche versuchte er, die Blutungen an Dießlers Kopf zu stoppen, was ihm jedoch nicht gelang, denn Dießler schien an und aus allen Stellen am Kopf zu bluten.

Jeanette kam die Treppe heruntergerannt.

Heiko stand noch immer wie angewurzelt und murmelte vor sich hin.

»Du hast ihn böse gemacht. Du darfst ihn nicht böse machen. Jetzt habe ich kein Geld bekommen.«

Dießler blutete noch immer stark, vor allem aus dem Mund. Beide Lippen waren aufgeplatzt, und wohl auch im Mund selbst war einiges kaputtgegangen. Er hustete und spuckte Blut. In der Blutlache vor ihm lagen seine beiden Schneidezähne.

Dießler griff nach dem neben ihm knienden Thorsten und zog ihn an sich heran. »Hast du es ihm erzählt?«

»Nein, ich nicht«, antwortete Thorsten und deutete gleichzeitig auf den noch immer an derselben Stelle stehenden, vor sich hin murmelnden Heiko.

»Heiko, warum? Ich bin dir nicht böse. Sag mir nur warum!«, sagte Dießler, wegen des vielen Blutes in seinem Mund kaum zu verstehen.

»Darfst ihn nicht böse machen. Niemals böse machen. Sonst musst du vor den Zug, und ich bekomme kein Geld.«

In den folgenden drei Monaten sprach keiner der vier über den Vorfall, obgleich dieser immer präsent war. Sobald Dombrowskis Auto auftauchte, versteckte sich Maggie und kam erst wieder hervor, als sie es wegfahren hörte. Dombrowski hatte sein Ziel offenbar erreicht. Jeder von ihnen verhielt sich ihm gegenüber noch unterwürfiger. Selbst als Dombrowski mitteilte, er müsse ab sofort jedem dreihundertfünfzig Mark für das Zimmer berechnen. Der Schlag hatte ihn nicht nur seine Schneidezähne gekostet, er hatte ihm auch Ober- und Unterkiefer und den Augenhöhlenboden gebrochen. Zwei Monate hatte es gedauert, bis er wieder normal sprechen und feste Nahrung zu sich nehmen konnte. Um ein Haar hätte er wegen der Fraktur des Augenhöhlenbodens sein Auge verloren.

Er stand jetzt bei über zwanzigtausend Mark Schulden bei Dombrowski, der es als besonderen Gunstbeweis betrachtete, Dießler weiter in dem Haus wohnen zu lassen, obwohl der nicht arbeitete. Die Misere vertiefte sich zudem dadurch, dass in den letzten Wochen offenbar andere Kolonnen in ihrem Revier unterwegs waren. So schrieben sie Woche für Woche weniger Zettel. Dombrowski wurde immer ungehaltener, aggressiver, fordernder. Als sie ihm von den rivalisierenden Kolonnen als Grund für den anhaltenden Misserfolg erzählten, war er der Meinung, sie müssten das eben auf die »althergebrachte Art und Weise« lösen. Wenn da ein »großer roter Fleck auf dem Pflaster zurückbliebe«, würden die sich schon woanders ein Revier suchen. Er hätte ihnen doch hinreichend gezeigt, wie man sich Respekt verschafft. Alle wussten, dass das kein Scherz oder eine unüberlegte, nicht ganz ernst gemeinte Äußerung war.

Dann kam der letzte Freitag im Dezember. Wieder ein Abrechnungstag. Es würde Ärger geben, das war allen klar. Zusammen hatten sie in der letzten Woche nicht mehr als fünfzehn Zettel geschrieben.

Dießler spielte mit Maggie, während Jeanette zu ihrem Einzelgespräch mit Dombrowski in der Küche saß. Der brüllte wieder. Was genau er sagte, verstand Dießler nicht. Er hatte absichtlich die Musik des CD-Players lauter gestellt, damit Maggie das Geschrei nicht mit anhören musste. Aber dieses Mal übertönten die Schreie Dombrowskis alles.

»Du Schlampe bist nichts als Ballast. Und dein Bastard dazu. Vierzigtausend bekomme ich von dir. Aber jetzt ist Schluss, du Drecksstück. Entweder du schreibst nächste

Woche fünfzig Zettel, oder ich werde dich an einen netten Libanesen verkaufen. Der hat für solche Frauen wie dich immer Verwendung. Wenn du dann für den anschaffen gehst, wirst du merken, dass ich der barmherzige liebe Gott war. Du wirst auf dem Strich deine Schulden abarbeiten. Und dein Gör behalte ich als Pfand, damit du auch schön brav die Beine breit machst. Und im Übrigen solltest du wissen, ich kenne ein paar Leute, die auf kleine Mädchen ganz scharf sind.«

Dießler hörte, wie Jeanette Dombrowski anflehte, ihr das Kind nicht wegzunehmen.

Die Wut stieg in ihm hoch. Er sollte hinuntergehen und Dombrowski den Schädel einschlagen. Aber dazu fehlte ihm der Mut.

Als sie gemeinsam beim Abendbrot saßen, schwiegen sie alle. Thorsten war es wohl nicht anders ergangen. Aber er verlor kein Wort darüber, was Dombrowski ihm angedroht hatte. Nur Heiko war so wie immer. In seiner eigenen Welt.

Als alle in ihren Zimmern verschwunden waren, klopfte Dießler an Thorstens Tür. Der saß immer noch starr vor Entsetzen auf seinem Bett.

»Wir müssen hier weg, Thorsten. Abhauen.«

»Wohin denn? Wie stellst du dir das vor?«

»Ich habe vor zwei Tagen mit dem Chef der anderen Kolonne gesprochen. Der würde uns nehmen.«

»Meinst du, da ist es besser?«

»Alles ist besser als hier. Und wir könnten von vorn anfangen, ohne die Schulden, von denen wir sowieso niemals runterkommen. Ich muss auf alle Fälle mit Jeanette und der Kleinen weg. So schnell wie möglich.«

»Der findet uns, sag ich dir. Der findet uns. Und was dann? Der bringt uns doch um. Alle. Auch die Kleine. Schon um keine Zeugen zu hinterlassen. Dein Vorgänger, der wollte auch abhauen. Und wo ist er gelandet? Auf den Schienen!«

»Ich denke, der hat sich selbst vor den Zug geworfen?«

»Da bin ich mir nicht mehr so sicher.«

»Das hilft uns jetzt nicht weiter«, flüsterte Dießler. »Der Chef der anderen Kolonne hat gesagt, er würde für unseren Schutz sorgen und uns auch in einer anderen Stadt irgendwo in Bayern oder Baden-Württemberg unterbringen. Da arbeitet Dombrowski nicht. Da findet er uns nicht. Ich muss das riskieren, ich muss Jeanette und Maggie beschützen. Überleg es dir. Ich treffe mich morgen mit dem, dann kann ich dir morgen Abend sagen, wie es konkret laufen kann.«

Am Abend des nächsten Tages geht Dießler wieder zu Thorsten.

»Es ist alles vorbereitet. Der ruft morgen nach 19 Uhr hier an und sagt uns, wohin wir kommen sollen. Er bringt uns erst einmal in einer Wohnung in Berlin unter. Da werden wir ein paar Tage untertauchen, bis er einen Einsatzort für uns in Süddeutschland hat.«

»Heiko bleibt hier, oder kommt der auch mit?«

»Heiko wird Dombrowski nicht verlassen. Ich habe in Heikos Zimmer Papiere vom Amtsgericht gefunden. Dombrowski ist Heikos Betreuer. Heikos Eltern müssen zwei oder drei Mietshäuser besessen haben, die jetzt Heiko gehören. Da hat Dombrowski die Hand drauf und kassiert kräftig. Das muss also alles ohne Heiko laufen. Er darf nichts erfahren, gar nichts. Er darf noch nicht einmal etwas ahnen. Ich geh wieder rüber, morgen Abend wissen wir mehr.«

Am darauffolgenden Abend klingelt tatsächlich das Telefon, was ungewöhnlich war, denn niemand rief sonst in diesem Haus an. Es war auch strengstens verboten, das Telefon für andere Anrufe als für diejenigen an Dombrowski zu nutzen.

Dießler stürzt zum Telefon, damit kein anderer das Gespräch entgegennimmt. Zuvor schaut er in die Küche und das Wohnzimmer. Keiner zu sehen. Am anderen Ende ist der Chef der anderen Kolonne. Dießler wiederholt fast flüsternd, was dieser ihm sagt.

»Gut, übermorgen 16 Uhr am Alexanderplatz an der Weltzeituhr, Herr Kahlow. Wir können uns darauf verlassen? ... Zu hundert Prozent? ... Wir werden da sein! Dann bis übermorgen.«

Als Dießler das Telefon auflegt und sich umdreht, steht er plötzlich und unerwartet Heiko gegenüber.

»Ihr wollt abhauen. Ihr dürft nicht abhauen. Er wird böse, sehr, sehr böse. Man darf nicht abhauen. Das ist verboten.«

Dießler hat nicht vergessen, dass Heiko ihn schon einmal verpfiffen hatte, und er wird es wieder tun. Dessen ist sich Dießler sicher. Nicht aus Boshaftigkeit. In Heikos Welt ist jede Veränderung schlecht. Und deshalb will er keine Veränderung, und er wird auch alles dafür tun, dass es Veränderung nicht gibt.

»Wer will abhauen, Heiko? Wir? Denkst du das?«, fragt Dießler.

»Ja, das wollt ihr. Dürft ihr nicht machen. Ist verboten.« Trotz der Dramatik ist Heikos Stimme wie immer gänzlich emotionslos.

»Mann, Heiko, jetzt ist die Überraschung für dich geplatzt. Wir wollten am Sonntagnachmittag alle zusammen einen Ausflug in den Tierpark machen. Du wolltest doch immer mal die Tiger sehen. Hast du doch ständig erzählt. Das war ein Tierpfleger aus dem Tierpark, der uns mitnimmt.«

»Ja, Tiger wären schön.«

»Dann freu dich auf Sonntag. Schade, dass wir dich nicht mehr überraschen können. Aber es wird trotzdem schön. Gehen wir schlafen, Heiko, morgen wird es wieder ein langer Tag.«

Als Dießler die Treppe hochgeht, werden ihm die Beine weich. Wenn Heiko ihm das nicht geglaubt hat, dann steht Dombrowski noch heute Nacht im Haus. Welche Konsequenzen das hätte, ist Dießler völlig klar. Er würde Jeanette und Maggie niemals wiedersehen. Sie würden sterben, er würde sterben.

Dießler wartet, bis er aus Heikos Zimmer das vertraute Schnarchen vernimmt. Er schleicht zu Thorstens Tür und weckt ihn.

Thorsten schreckt aus dem Schlaf hoch und hat den Baseballschläger in der Hand.

»Stopp, Thorsten. Ich bin's. Leg das Ding weg.«

»Mann, so was darfst du echt nicht bringen. Was ist los?«

»Heiko ahnt etwas. Er hat das Telefonat mit Kahlow mitgehört, stand plötzlich neben mir in der Küche. Wie viel er mitbekommen hat, keine Ahnung. Auf alle Fälle den Namen Kahlow.«

Thorsten reagiert panisch. »Scheiße! Wir sind im Arsch! Scheiße, Scheiße, Scheiße.« Er springt aus dem Bett und läuft mit dem Baseballschläger in der Hand auf und ab. »Damit findet Dombrowski uns. Die kennen sich doch alle untereinander. Der macht uns alle kalt, einfach so. Und nun?« Thorstens Stimme ist voller Angst.

»Maggie verkauft er an irgendeine perverse Sau. Dombrowski darf nicht erfahren, was Heiko weiß. Niemals«, fügt Dießler hinzu.

Sie sind verzweifelt. Todesangst.

Dießler stellt sich vor Thorsten, fasst ihn fest an den Schultern. »Er wird es ihm erzählen. Und Dombrowski wird an uns allen ein Exempel statuieren. An dir, an mir, an Jeanette, an Maggie. Es gibt nur eine Lösung, Thorsten.« Dießlers Hände umfassen Thorstens Wangen. »Nur eine einzige Lösung. Du kennst sie.«

Im Zwielicht der Nacht schauen sich beide Männer in die Augen. Sie sehen den anderen, aber auch sich selbst in den Augen des anderen, empfinden Abscheu bei diesem grausamen Gedanken, den sie beide gerade denken. Ekel. Verzweiflung. Schuld. Unbarmherzige Entschlossenheit.

Thorsten schlägt die Hände vors Gesicht. Er bewegt sich hin und her. »Nein, nein, nein, nein, nein! Wir können doch nicht so ein armes Schwein wie Heiko … Der kann doch als Letzter was dafür.«

»Es ist Notwehr, Thorsten, Notwehr! Wir haben keine andere Chance! Er darf uns ums Verrecken nicht finden, sonst sterben wir! Ein Leben für drei Leben.«

Thorsten hebt den Kopf und schaut Dießler in die Augen. »Ich weiß. Und ich hasse es!«

Zwei Tage später, Sonntagvormittag.

Dießler und Thorsten hatten Heiko in den letzten zwei Tagen nicht aus den Augen gelassen, jeden Satz, jedes seiner Wörter, jede Geste, jeden Schritt beargwöhnt. Er schien Dombrowski nichts erzählt zu haben, sonst wäre der schon lange hier gewesen.

Am Sonntagvormittag erzählt Thorsten Heiko, dass man noch schnell zu einem Bauernhof fahren wolle, um Futter für die Tiere im Tierpark zu kaufen, und fragt ihn, ob er nicht Lust hätte mitzukommen. So steigen alle drei in das kleine Auto, wobei Heiko an diesem für ihn ja ganz besonderen Tag auf dem Beifahrersitz sitzen darf.

Jeanette soll die Zeit nutzen, alle Sachen zusammenzupacken und schon hinter das Haus zu stellen. Thorsten und Dießler haben ihr erzählt, man wolle Heiko in Sicherheit bringen, zu einem Bekannten, der ihn zwei oder drei Tage verstecken wird. Damit hätte man dann genug Zeit, um unterzutauchen.

Dießler fährt das Auto, seine Hände vermag er kaum ruhig zu halten. Thorsten sitzt hinter Heiko auf der Rückbank. Nach einer Weile biegen sie auf einen Feldweg ab, der bis an ein kleines Waldstück heranreicht. Dießler hält das Auto an, schaltet den Motor ab, hält einen Moment inne.

Er dreht sich zum Beifahrersitz. »Heiko, Heiko, sieh mich an. Ich will, dass du weißt, dass es mir leidtut. Verzeih mir bitte das, was jetzt gleich geschieht.« Er ist den Tränen nahe.

Heiko schaut sich um und reagiert verwirrt.

»Was ist denn los? Hier ist kein Bauernhof. Habt ihr euch verfahren?«

»Nein, Heiko, du bist nicht auf einem Bauernhof. Wir fahren auch nicht in den Tierpark.«

Dießlers Stimme ist tränenerstickt.

»Du siehst gleich deine Eltern wieder. Das ist doch viel schöner als jeder Tierpark. Oder?«

Er greift Heikos Handgelenke und drückt diese mit aller Kraft in dessen Schoß. Im selben Moment wirft Thorsten einen dicken Draht um Heikos Hals und zieht zu. Er hat einen kurzen, dicken Holzstock um den Draht gelegt und dreht damit die Schlinge zu. Wie bei einer Garrotte. Mit aller Kraft. Umdrehung um Umdrehung. Der Draht schneidet in Heikos Hals. Der röchelt, bäumt sich auf, versucht sich zu befreien. Aber er hat keine Chance, es gibt für ihn kein Entrinnen. Es mögen zehn, fünfzehn Sekunden sein, bis er das Bewusstsein verliert. Thorsten lässt nicht sofort locker, er hält die Schlinge noch eine Weile fest geschlossen. Nach drei, vier Minuten hat Heiko den Todeskampf endgültig verloren.

Dießler und Thorsten heben Heiko aus dem Auto und legen ihn vorsichtig in eine kleine Kuhle am Rand des Wäldchens. Dießler schließt Heikos Augen. Thorsten ordnet Heikos Sachen, wischt das Blut am Hals weg, zieht Hemd und Pullover gerade, die Hosenbeine lang, streicht ihm mit der Hand die Haare aus dem Gesicht und ordnet Heikos Frisur.

Sie knien beide neben dem Leichnam nieder. Beten. Nehmen Abschied von einem, der ihr Freund war.

»Hast du schon mal gebetet?«, fragt Dießler. Thorsten schüttelt den Kopf.

»Ich als Kind, vor Weihnachten. Ich wollte unbedingt ein ferngesteuertes Auto. Hat nicht funktioniert.«

Dießler schließt die Augen und faltet seine Hände. Thorsten tut es ihm gleich.

»Lieber Gott, wir wissen beide nicht, ob es dich gibt. Wenn du wirklich da oben sein solltest, dann nimm unseren Freund bei dir auf und achte gut auf ihn. Dass ihm bei dir nichts geschieht. Vielleicht hast du ja auch eine Frau für ihn. Hat sich immer gewünscht, geliebt zu werden. Glaube mir, er hat es verdient.« Dießler springt plötzlich auf und streckt seinen Arm mit geballter Faust gen Himmel. Er schreit: »Und dann überleg dir mal, was das soll, uns diese Scheiße anzutun, uns keinen Ausweg zu lassen, du Arschloch!« Dießler fällt in sich zusammen, nimmt Heikos Kopf zwischen seine Hände und gibt ihm einen Kuss auf die Stirn. Er schaut nochmals hoch an den blauen Himmel und schluchzt. »Du gottverfluchtes Arschloch!«

Dann holt Thorsten aus dem Kofferraum einen Kanister mit Benzin, übergießt damit Heikos Leichnam. Dießler wirft ein Streichholz auf Heikos leblosen Körper. Schwarzer Rauch steigt über dem Wäldchen auf.

Auf dem Weg zurück zur Straße sieht Dießler noch lange die schwarze Rauchsäule im Rückspiegel aufsteigen. Den ganzen Weg zurück rollen Tränen über ihre Wangen.

EPILOG

Heikos Leiche wurde noch am selben Tag gefunden. Die Ermittlungen stellten die Mordkommission vor keine großen Probleme. Nach nicht einmal zwei Wochen wurden Dießler und Thorsten verhaftet. Sie legten schon in den ersten Vernehmungen Geständnisse ab.

Dombrowski trat als Zeuge in dem Verfahren gegen Dießler auf. Keiner rechnete damit, dass er tatsächlich aussagt. Aber er tat es trotz des ihm gebührenden Aussageverweigerungsrechts. Und er tat es voller widerlichem Stolz auf sich selbst. Wenn es »das Böse« wirklich gibt, dann saß es bei seiner Vernehmung vor uns. Ein Psychopath, der sich selbst vor dem Landgericht damit brüstete, – Zitat – »die Eier« gehabt zu haben, »seine« Angestellten so zu »disziplinieren«, wie er es mit Dießler getan hatte. Er stritt auch gar nicht ab, Maggie und Jeanette genau in der Art und Weise bedroht zu haben, wie es Dießler vor dem Landgericht ausgesagt hatte. Mehr noch, es bereitete ihm ganz offensichtlich geradezu Genuss und Stolz, Menschen solche Angst machen zu können, dass diese einen Mord begehen, nur um einer Bestrafung durch seine Hand zu entgehen.

Für seine Taten wurde Dombrowski von einer anderen Staatsanwaltschaft angeklagt und auch verurteilt. Ich hätte ihn in diesem Verfahren nur zu gern verteidigt, um als sein Rechtsanwalt mehr über seinen abartigen Charakter zu erfahren. Dazu kam es allerdings nicht.

Was aus Jeanette und der kleinen Maggie wurde, weiß ich nicht. Dießler und Jeanette hatten noch während der

Untersuchungshaft geheiratet. Mir gefällt der Gedanke, so unwahrscheinlich er auch sein mag, dass Jeanette all die Jahre auf ihn gewartet hat und sie mittlerweile ein glückliches Leben führen, denn, seien wir bei aller Schuld ehrlich: Gibt es einen größeren Liebesbeweis als den, den Dießler erbrachte?

THAILAND,
MON AMOUR

»Oh Mann, das wird jetzt verdammt unangenehm«, denke ich, als ich mich an diesem letzten Prozesstag auf meinen Platz setze. Mein Mandant neben mir ist sichtlich geschockt. Er schaut ungläubig gerade aus, unfähig, seine Gefühle in diesem Moment zum Ausdruck zu bringen. Wer könnte es ihm verdenken.

Der Vorsitzende Richter hat gerade das Urteil verkündet. Zwölf Jahre wegen Mordes.* Vier Jahre mehr, als der Staatsanwalt wollte! VIER! Im Leben nicht hatte ich mit einem solchen Urteil gerechnet, nicht mit dem Schuldspruch des Mordes, schon gar nicht mit der Höhe der Strafe. Acht Jahre wegen Totschlags – wie vom Staatsanwalt beantragt –, das wäre kein Schnäppchen gewesen, aber gut. Sechs Jahre wegen Körperverletzung mit Todesfolge – das war mein Antrag – ein optimales Ergebnis. Aber zwölf wegen Mordes? Eine zweistellige Zahl war mir während des gesamten Verfahrens nicht in den Sinn gekommen.

Diese Unterschiede in der rechtlichen Bewertung des Geschehens, also Mord, Totschlag oder Körperverletzung mit Todesfolge, sind nicht etwa nur Nuancen, es liegen Welten, ja ganze Galaxien zwischen ihnen.

Das wissen natürlich auch alle Zuschauer und Journalisten, die der nun folgenden Urteilsbegründung gespannt lauschen. Schon allein die Diskrepanz zwischen den Anträ-

---

* Liegt bei Mord eine verminderte Schuldfähigkeit vor, so kann die Strafe gemildert werden, von lebenslänglich auf nicht unter zehn Jahre.

gen und dem Urteil schreit förmlich nach komplettem Versagen der Verteidigung.

Aber das ist nicht das Schlimmste. Dieser Vorsitzende ist berüchtigt ob der Deutlichkeit seiner Formulierungen. Er nimmt niemals ein Blatt vor den Mund. Gegenüber niemandem. Er als Diplomat, und die Anzahl der Weltkriege wäre wahrscheinlich zweistellig. Urteilsbegründungen beginnt er oftmals, eigentlich immer, damit, dass er sich den oder die jeweiligen Verteidiger zur Brust nimmt und seinem Ärger darüber Luft macht, mit welch unsäglich unsinnigen Dingen sich das Gericht, »gezwungen, ja genötigt« durch Anträge der Verteidigung, hatte beschäftigen müssen.* »Abwegig«, »komplett verfehlt«, »aberwitzig«, »bizarr«, »unvertretbar«, »realitätsfremd« – wurde die Leistung des Verteidigers so bewertet, hatte dieser es schon gut getroffen. In der Regel waren die Attribute derber und vor allem zynischer.

Die Presse griff die Kommentare des Vorsitzenden stets dankbar auf, waren diese doch das Salz in der Suppe jeder Prozessberichterstattung.

So hatten die Zeitungsartikel am Folgetag bisweilen gar verheerende Wirkung auf und für die jeweiligen Verteidiger. Es gab Kollegen, die aus Sorge um ihren fachlichen Ruf seinen Gerichtssaal nicht mehr betraten. Denn nicht nur in den Augen der Öffentlichkeit war dieser Verteidiger der letzte Depp. Viel, ja sehr viel schlimmer war das Bild,

---

* Zumeist hatte er damit wahrlich Recht. Dieser Satz ist mit Absicht eine Fußnote, denn niemals würde ein Vertreter der Verteidigerzunft das zugeben.

welches der betreffende Mandant von seinem Verteidiger hatte, nachdem selbiger von dem Richter Maß genommen worden war und wie ein dummer Schuljunge ausgesehen hatte; verbunden mit dem unvermeidlichen Gedanken, dass es doch viel besser hätte laufen können, wäre sein Verteidiger nicht so ein Idiot gewesen. Solches verbreitet sich in einer Haftanstalt schneller als jeder Tsunami und ist für die Akquise weiterer Mandate geradezu tödlich.

Es ist, obwohl man sich schon viele Jahre kennt, das erste Mal, dass es mich in den Gerichtssaal dieses Vorsitzenden verschlagen hat. Und dann das! So ein Urteil! Auch noch bei einem unstrittigen Sachverhalt! Ich rechne in den kommenden Minuten der Urteilsbegründung mit dem Schlimmsten. Was mich in diesem Moment allerdings am meisten stört: Ich würde mich nicht mehr wehren können. Denn bei der Urteilsverkündung spricht nur noch einer – der Vorsitzende.*

Etwa acht Monate zuvor.

Das Los einer Auszubildenden in einer auf Strafrecht spezialisierten Kanzlei ist in mehrfacher Hinsicht nicht einfach. Ich habe es immer sehr bewundert, wie diese sechzehn, siebzehn, achtzehn Jahre alten Mädchen binnen kürzester Zeit ihren Mann standen, auch wenn schon mal der Kopierer dran glauben musste, weil sich eine Azubine beim Kopieren der Bilder einer Sektion in diesen hinein übergab. Diese jungen Mädchen sind von einem Tag auf den anderen

* Glücklicherweise wurde es dann doch nicht so schlimm wie befürchtet. Ich blieb verschont.

mit einer für sie fremden Welt konfrontiert. Sie müssen mit Menschen reden, die Dinge getan haben (sollen), die sie bislang bestenfalls aus der Zeitung kannten. Diese Geschichten wurden real, waren keine abstrakten Begebenheiten mehr, hatten plötzlich eine Stimme, ein Gesicht, eine Familie. Sie erfuhren Details, die sich mitunter nicht einmal die Presse zu schreiben traute. Sie mussten permanent der Versuchung widerstehen, und taten das auch, Wissen über einen in der Öffentlichkeit stehenden Fall im Freundeskreis preiszugeben, weil ihre Familie, ihre Freunde ja wussten, dass sie in der Kanzlei des Verteidigers arbeiteten.

Kurzum, man braucht als Strafverteidiger auch im Büro eine besondere Art Mensch. Solche mit Vorstellungskraft, einem gehörig Maß an Empathie und verbalem Durchsetzungsvermögen. Jemanden, der sich etwas traut und sich nicht einschüchtern lässt. Von wem auch immer. Vor allem solche mit Fantasie. Spinner, im besten Sinne des Wortes. Wie findet man diese Art von Angestellten? Die Suche war oftmals gar nicht so einfach. Führte ich in meiner Kanzlei Vorstellungsgespräche mit angehenden Auszubildenden, dann konfrontierte ich diese stets mit folgendem Szenario:

»Stellen Sie sich vor, Sie sind ganz allein im Büro. Sie wissen, dass Sie keinen Anwalt ans Telefon bekommen, denn die sind bei Gericht oder bei Mandanten im Gefängnis. Das Telefon klingelt. Der Mann am anderen Ende möchte einen Anwalt sprechen. Sie sagen ihm, dass im Moment keiner da ist, und fragen, ob sie ihm vielleicht helfen können. ›Ich weiß nicht‹, sagt der Mann. ›Ich habe gerade meine Frau

umgebracht und denke, dass ich einen Anwalt brauche. Ich wollte fragen, was ich jetzt machen soll. Soll ich alles so lassen, wie es ist, oder soll ich aufräumen und sauber machen? Soll ich die Polizei rufen? Soll ich selbst dahin gehen?‹ Was sagen Sie dem Mann, wie reagieren Sie?«

Ein ausgedachtes Szenario, um das, sagen wir, Bauchgefühl zu testen. Niemand rechnete damit, ein solcher Anruf käme wirklich einmal, und zwar exakt in der beschriebenen Situation.

Doch dann eines Morgens kurz nach neun Uhr. Alle Anwälte der Kanzlei sind ausgeflogen und frühestens in zwei bis drei Stunden wieder erreichbar.

»Rechtsanwaltskanzlei Bartel, guten Morgen, was kann ich denn für Sie tun?«, fragt Katerchen, meine Büroleiterin, als sie den ersten Anruf dieses Arbeitstages entgegennimmt.

»Ja, guten Morgen.«

Die Stimme am Telefon klingt so, als käme sie vom anderen Ende der Welt.

»Obwohl, so gut ist er nicht, nein, ist er wirklich nicht. Ich glaube, ich habe ein Verbrechen begangen und brauche Ihre Hilfe.«

»Oh, gleich ein Verbrechen. Na, so schlimm wird's ja wohl nicht sein, bestimmt eher ein Vergehen oder eine Ordnungswidrigkeit. Was ist denn passiert?«

»Ich habe meine Freundin umgebracht und weiß jetzt nicht weiter.«

Die Stimme des Mannes klingt auffällig teilnahms-, wenn auch nicht emotionslos. Katerchen stutzt nur einen kleinen Moment. Dann schaltet sie sofort auf Krisenmodus.

»Gut, dann doch Verbrechen. Wo sind Sie, und wo ist Ihre Freundin?«

»Ich bin in Thailand, etwa siebenhundert Kilometer nördlich von Bangkok. Ich lebe hier. Meine Freundin liegt neben mir im Bett, in meinem Schlafzimmer.«

»Und sie ist sicher tot?«, fragt Katerchen und denkt, dass die Freundin vielleicht ja noch lebt und gerettet werden könnte, riefe man einen Notarzt.

»Ja, ist sie, sie ist ganz kalt. Kein Puls.«

Jetzt beginnt der Mann zu weinen.

»Sie war meine große Liebe, und ich kann mich nicht erinnern, was passiert ist. Sie lag so neben mir, als ich wach wurde. Ich bin gestern Abend … Oh Gott, überall ist Blut!«

Mit Absicht übergeht Katerchen diesen letzten Satz ihres Gesprächspartners, widersteht der Versuchung, danach zu fragen, was passiert sei. Nicht jetzt und schon gar nicht am Telefon.

»Sie sind in Thailand? Habe ich Sie da richtig verstanden?«

»Ja, bin ich.«

»Weiß noch jemand, was mit Ihrer Freundin passiert ist?«

»Nein, niemand. Sie sind die Ersten, die ich anrufe.«

Katerchen reagiert aus dem Bauch heraus, ohne großartig zu überlegen. Bloß nicht in Thailand bleiben, denkt sie sich. Da ist bei Mord noch »Rübe ab«, soviel sie weiß.

»Okay, Folgendes werden Sie tun: Sie gehen duschen, ziehen sich an, packen ein paar Sachen zusammen. Vorher buchen Sie den nächsten Flug, den Sie nach Deutschland bekommen können. Sie werden mit niemandem reden.

Auch nicht nach Deutschland telefonieren und irgendwem sagen, dass Sie kommen. Wenn Sie ins Flugzeug steigen, rufen Sie mich an und sagen mir, wann Sie in Deutschland landen. Vom Flughafen kommen Sie direkt zu uns ins Büro. Alles Weitere besprechen Sie dann mit Ihrem Verteidiger. Alles verstanden?«

»Ja. Soll ich hier noch sauber machen?«

»Nein, das werden Sie nicht. Sie werden alles so zurücklassen, wie es jetzt ist.«

»Ich kann sie doch nicht so liegen lassen. Mir tut das alles so unendlich leid. Ich habe sie geliebt. Ich schaff das nicht. Nein, ich schaff das nicht. Ich werde hier zur Polizei gehen und mich stellen.«

»Das werden Sie nicht. Wenn Sie sich stellen wollen, werden Sie zusammen mit einem Verteidiger in Deutschland zur Polizei gehen und dort erzählen, was passiert ist. Ich sage nur, Todesstrafe in Thailand für Mord. Und was Ihre Freundin betrifft, doch das müssen Sie, so schwer es auch fällt.«

Ihr Tonfall gleicht dem eines Feldwebels. Bestimmt, präzise, emotionslos. Und dennoch mit reichlich Verständnis versehen. Typisch Katerchen, in diesen Situationen beherrscht sie die Quadratur des Kreises.

»Können Sie den Flug online buchen oder brauchen Sie dabei Hilfe?«

»Nein, ich kann das von hier aus machen.«

»Gut. Ich sag es noch mal, mit niemandem reden, bis Ihr Verteidiger neben Ihnen sitzt!«

»Mach ich.« Seine Stimme klingt wie beim »Ja, Mama« eines kleinen Jungen, der mit gesenktem Haupt vor seiner

Mutter steht, weil er Mist gebaut hat und erwischt worden ist.

»Sollten Sie Panik bekommen, rufen Sie hier an, bevor Sie etwas tun. Ich werde dafür sorgen, dass an diesem Telefon so lange jemand sitzt, bis Sie bei uns im Büro sind.«

»Aber ich werde wahrscheinlich erst morgen früh in Potsdam sein.«

»Ich meinte das so, wie ich es sagte, genau so.«

Ihre Stimme wird weicher, fast liebevoll.

»Und Sie sollten sie doch mit einem Bettlaken zudecken. Verabschieden Sie sich von ihr.«

Erst nach dem Telefonat lässt Katerchen die bis dahin unterdrückte emotionale Erschütterung zu.

Am nächsten Morgen.

Petkau hatte sich den ganzen Tag und die ganze Nacht nicht gemeldet. Wir wussten nicht, ob er geflogen war und, wenn ja, wann er wo ankäme. Je mehr Zeit verging, umso mehr kamen wir zu der Überzeugung, dass sich da wohl jemand einen Scherz mit uns erlaubt hatte. Ich war schon wieder ausgeflogen und trieb am Landgericht Cottbus mein Unwesen.

Gegen zehn Uhr vormittags klingelte es an der Bürotür.

Ein Zwei-Meter-Hüne, schlank, Mitte vierzig, eingefallene Schultern, Glatze, braun gebrannt, steht vor der Tür.

»Da bin ich, wir hatten gestern telefoniert.« Er flüstert.

»Dann kommen Sie mal herein.« Katerchen empfängt ihn und weist ihm den Weg ins Besprechungszimmer. »Ich versuche, Herrn Bartel zu erreichen. Er ist heute am Landgericht Cottbus. Was kann ich Ihnen anbieten? Kaffee? Etwas zu essen?«

»Im Moment nichts, vielen Dank. Doch, ein Mineralwasser vielleicht. Wenn Sie haben.«

»Können Sie haben.«

Katerchen ist sich unsicher. Soll sie diese Frage stellen? Sie zögert und tut es dann doch: »Wie geht es Ihnen?«

»Beschissen ist geprahlt«, sagt Petkau. »Wenn ich mich nur irgendwie erinnern könnte!«

Petkau sitzt in einem der schweren Ledersessel im Besprechungszimmer der Kanzlei. Er streicht sich mit den Händen über das Gesicht und schlägt sich mit beiden Händen auf die Wangen, so wie man es tut, wenn man munter werden oder wach bleiben will.

»Aber da ist nichts, gar nichts. Nicht mal, dass wir uns an diesem Abend gestritten hätten.«

Katerchen mustert ihn in seinem ganzen Elend. Sie war schon einigen Menschen, zumeist Männern, begegnet, an deren Händen Blut klebte. Niemandem sah man es an, dass er oder sie getötet, gemordet hatte. Auch ihm nicht. Menschen wie du und ich, sozusagen. An diesem Tage erlebte sie allerdings das erste Mal die tiefe Erschütterung eines Menschen unmittelbar nach einer solchen Tat, die nur etwas mehr als vierundzwanzig Stunden zurücklag.

Trotz seiner hünenhaften Gestalt ist Petkau nur noch ein Schatten eines Mannes. Immer und immer wieder betrachtet er seine Hände und schüttelt dabei den Kopf. Ungläubig ob dem, was diese Hände offenbar getan hatten. Dieser Zwei-Meter-Mann sitzt wie ein winzig kleines Häufchen Unglück zusammengesackt in seinem Sessel.

Katerchen geht zum Fenster und schließt die Jalousien.

»Falls Sie schlafen wollen, ich hätte eine kleine Matte und auch eine Decke hier. Es wird bestimmt noch bis zum späten Nachmittag dauern, ehe Herr Bartel hier ist.«

»Danke, aber ich will nicht schlafen. Ich kann nicht schlafen. Wenn ich die Augen schließe, kommen sofort die Bilder wieder. Das Blut. Ihr starrer Körper, die offenen Augen. Ich bin schon im Flugzeug ständig hochgeschreckt.«

»Ruhen Sie sich aus. Ich versuche, Herrn Bartel zu erreichen. Wenn Sie etwas brauchen, kommen Sie einfach rüber ins Sekretariat. Weiß jemand, dass Sie hier sind, also in Deutschland im Allgemeinen und hier bei uns im Speziellen?«

Petkau schüttelt den Kopf. »Ich habe mich an das gehalten, was Sie mir sagten.«

»Mädels«, sagt Katerchen, als sie wieder im Sekretariat steht. »Mädels, er bekommt bitte alles, was er möchte. Essen, Trinken usw. Kümmert euch um ihn und lasst ihn nicht aus dem Haus. Kein Telefon, es sei denn, der Chef will ihn sprechen. Eine SMS, dass der Mandant da ist, habe ich ihm schon geschickt. Er wird sich melden, sobald in Cottbus Pause ist. Ich fahre jetzt kurz zur Staatsanwaltschaft, die Akten in der Sache Müller abholen. In dreißig Minuten bin ich zurück. Kommt ihr klar?«

Die Mädels nicken. Katerchen verlässt den Raum, steckt allerdings noch einmal schmunzelnd den Kopf durch die Tür:

»Alles, was er möchte, Mädels. Eine Ausnahme – keine Thaimassage.«

Es ist ein langes, sehr schwieriges Telefonat, welches ich mit Petkau führe. Wenngleich Telefonanschlüsse von Verteidigern nicht abgehört werden dürfen, gebietet es die allgemeine Vorsicht, sich an das Sprichwort mit dem Silber für das Reden und Gold für das Schweigen zu halten. Am Ende steht fest, dass sich der Mandant seiner Schuld nicht nur moralisch, vielmehr auch strafrechtlich stellen will, reinen Tischen machen. Sozusagen. Er will keinesfalls abwarten, bis man seine Freundin in Thailand gefunden und ihn als Verdächtigen ermittelt hat. Wer außer ihm, so fragt er mich, soll denn sonst an ihrem Tod schuld sein? Zu erwidern wusste ich darauf nichts.

So rufe ich den für Kapitaldelikte zuständigen Staatsanwalt an und teile ihm mit, dass ich einen Herrn Petkau verteidige, der beabsichtige, noch am heutigen Tage ein durch ihn in Thailand am gestrigen Tage begangenes Tötungsdelikt zu gestehen. Allerdings erst gegen 18 Uhr, denn früher wäre ich nicht aus Cottbus zurück. Der Staatsanwalt nimmt das zur Kenntnis und sagt, er werde das Notwendige veranlassen.

Etwa eine halbe Stunde später klingelt bei mir das Telefon. Der Leiter der zuständigen Mordkommission ist am anderen Ende. Wir kannten uns schon seit vielen Jahren. Einer respektierte die Arbeit des anderen. Auch wenn das bei mir nicht von Anfang an so war. Als junger heißsporniger Anwalt betrachtete ich jeden Polizisten, jeden Staatsanwalt als Feind meiner Mandanten und damit als meinen persönlichen Feind. Völliger Unsinn. Bisweilen schäme ich mich für einige Äußerungen, die mir in dieser Zeit herausgerutscht sind, weil sie so falsch wie überflüssig waren.

Die meisten, die allermeisten Polizisten und Staatsanwälte sind faire Diener des Gesetzes, so wie ich auch. Sie machen den Job, den ihnen das System zugewiesen hat. Und den machen sie gut. Wie überall gibt es freilich auch dort schwarze Schafe. Polizeibeamte und Staatsanwälte, die, warum auch immer, durch und in ihrer Arbeit zu Menschenjägern mutiert sind. Solche sind nach wie vor Feinde, meine und die meiner Mandanten.

»Sag mal«, sagt der Leiter der Mordkommission. »Du willst heute noch mit einem Mandanten bei mir vorbeikommen, der in Thailand jemanden umgebracht haben will?« Er klingt genervt.

»Richtig.«

»Und vor sechs schaffst du es nicht, hier zu sein, weil du noch in Cottbus rumhängst.«

»Wieder richtig.«

»Wenn ich Möbau richtig verstanden habe, weiß in Thailand noch gar keiner, dass die Frau tot ist?«

»Wahnsinn«, sage ich lachend. »Der dritte Treffer in Folge!«

Er übergeht meinen Scherz.

»Du weißt schon, dass heute Freitag ist und du mindestens vier Stunden bis zu mir brauchst, oder?« Der Vorwurf ist nicht zu überhören.

»Hast du mich gerade gefragt, ob ich wisse, dass heute Freitag ist?«, frage ich irritiert.

»Ach komm, das muss doch dann nicht mehr heute sein. Wenn der uns das heute erzählt, verbringt der das Wochenende auf der Durchgangszelle, wir müssen den Bereitschaftsrichter und den Bereitschaftsstaatsanwalt holen, worüber die nicht erfreut sein werden. Davon abgesehen, dass mein Wochenende auch wieder im Arsch ist. Das erste seit Monaten. Dein Mandant soll mal noch seine letzten Tage in Freiheit genießen, ein bisschen Party machen, eine Frau lieben, angeln gehen und was weiß ich nicht noch alles. Wir schlafen am Montag alle aus, und du kommst mit ihm am späten Vormittag. So haben wir alle was davon.«

Ich bin nicht nur fassungs-, vielmehr auch sprachlos. Und Letzteres will schon etwas heißen!

»Und Möbau« – der Staatsanwalt – »spielt da mit?«, stammle ich.

»Klar, der hat mich doch erst auf die Idee gebracht. Hat sich allerdings nicht getraut, das mit dir selbst zu besprechen, und hat mich vors Loch geschoben. Mann, denk doch mal nach, der hat doch auch keinen Bock, bis heute Nacht auf mein Vernehmungsprotokoll zu warten und dann noch den Haftbefehlsantrag zu tippen. Der hat 'ne neue Freundin. Ein unglaubliches Gerät! Eine Russin! Höchstens dreißig. Die wollen heute Abend in ein romantisches Wochenende verschwinden. Weißt du aber nicht von mir.«

Schweigen. Lange.

»Bist du noch dran?«, fragt der Leiter der Mordkommission.

»Du alter Drecksack!«, nach jedem Wort lasse ich eine Pause.

»Das zahle ich dir irgendwann so was von heim. Mich so auf die Rolle zu nehmen.«

Am anderen Ende der Leitung prustet es in den Hörer.

»Na Gott sei Dank, ich hätte das Spiel keinen Satz länger

durchgehalten, ohne loszulachen. Die Russin war zu dick aufgetragen, oder?«

»In der Tat.«

Wir beide lachen lauthals.

»Möbau und ich haben uns dieses Telefonat so schön ausgemalt.«

»Ach, das war auch noch seine Idee?!«

»War es, war es. Okay, lass uns ernst werden. Ruf an, wenn du absehen kannst, wann du hier bist.«

»Mach ich, klar. Wir haben hier noch einen Zeugen.«

»Ihm ist klar, dass er bei einer solchen Aussage einfahren wird?«

»Ja, ist ihm. Er hat allerdings keine Erinnerungen an das, was passiert ist. Zu viel Alkohol!«

»Aber gewaltsamer Tod ist sicher?«

»So wie er die Situation beim Aufwachen beschrieb, kein Zweifel.«

»Gut, dann bis heute Nachmittag, na ja, eher Abend.«

Die Vernehmung dauerte bis spät in die Nacht hinein. Schlauer waren wir danach nicht ein Stück.

In Thailand fand man die junge Frau erst durch die Information der deutschen Behörden drei Tage nach ihrem Tod.

»Na Großer, was verschafft mir die Ehre deines Anrufs?«, sage ich, als ich ans Telefon gehe.

»Mein schlechtes Gewissen und die Abendnachrichten. Hab dich gesehen. Erster Tag in deiner Thailandsache. Scheinst ja handzahm gewesen zu sein. Kein Getöse über das skandalöse Gebaren der deutschen Justiz zum Auftakt?! Du wirst alt und schlaffst ab.«

»Ach Marcel, da lohnte es sich nicht, eine große Welle zu machen. Da spielt die Musik in den Feinheiten der Subsumtion.* Aber lustig war's heute trotzdem. Wenn du einen Moment hast …«

Marcel, mein bester Freund, ist selbst ein in vielen Verhandlungen gestählter und geschundener Verteidiger. Wie ich, nur ganz anders.

»Klar, gib mir die brandheißen News.«

»Also zuerst die große Überraschung. Dass ein Mandant von mir im Prozess redet, sorgte für allseitige Verwunderung. Der Vorsitzende begann denn auch nicht mit der Belehrung des Angeklagten, sondern mit den Worten, dass *›wir jetzt alle ein Novum erleben, nämlich die Einlassung eines von Herrn Bartel verteidigten Angeklagten‹*. Diese Bemerkung trug nicht sonderlich zur Beruhigung meines so schon völlig zittrigen Mandanten bei. Er hat sich dann doch wider Erwarten gut geschlagen. Gut, kein Mensch hat wirklich verstanden, was er da redete, ich auch nicht, aber ich denke, man hat ihm geglaubt, dass er an die Geschehnisse dieser Nacht nur noch bruchstückhafte Erinnerungen hat.«

»Er hat gestanden?«

»Ja, hat er nicht!«

»Welch kryptischer Feingeist du doch bist! Also nicht sonderlich ergiebig das Ganze?«

»Zum Hintergrund schon, würde jetzt aber zu weit füh-

---

* Fachbegriff für die juristische Bewertung des festgestellten Sachverhalts.

ren. Subtext sozusagen. Das eigentliche Highlight kam allerdings nach der Einlassung. Die Polizeibeamten aus Thailand. In Uniform! Wat für ein Lametta! Echt zum Schießen. Der olle Hermann wäre im Vergleich dazu ein Musterbeispiel an Bescheidenheit gewesen. Angefangen hat man mit einem, der sich als der Polizeipräsident dieser nordthailändischen Provinz vorstellte. Der war eigentlich gar nicht geladen, aber da!«

»Besser als umgekehrt«, wirft Marcel dazwischen.

»Jedenfalls gab er die Ermittlungsergebnisse der thailändischen Polizei zum Besten. Zusammenfassend: Sie ist tot! Mehr kam nicht. Beweisthema war der Tatort und die Feststellungen dort, Lage der Leiche, Spuren usw. usw. Wie hat dieser *Focus*-Mensch immer gesagt: Fakten, Fakten, Fakten! Also hat man ihn genau nach solchen gefragt, worauf er antwortete, seine Beamten hätten den Tatort akribisch untersucht und alle Details gleichermaßen akribisch aufgeschrieben, die Dokumente habe man ja nach Deutschland geschickt. Wisse man, sagte der Vorsitzende und versuchte, ihm das deutsche Prozessrecht verständlich zu machen.* Sagen wir mal so – unergiebig. Direkte Frage an diesen sprechenden Weihnachtsbaum: Also, was haben Sie denn, also Sie ganz persönlich, am Tatort gesehen? Er: Meine Beamten haben das untersucht. Dieses Katz- und Mausspiel, diese für beide Seiten gänzlich unverständliche Konfronta-

* Unmittelbarkeits- und Mündlichkeitsprinzip bedeutet Folgendes: Es darf nur das bei der Urteilsfindung berücksichtigt werden, was mündlich in der Verhandlung erörtert wurde, und es muss immer das »beweisnächste« Beweismittel genutzt werden, also der Zeuge, der etwas gesehen oder gehört hat, und nicht der Zeuge vom Hörensagen.

tion der Kulturen war köstlich, denn der war ja nicht mal in der Nähe des Tatortes gewesen. Der Richter fragte dann den Polizeichef sichtlich genervt, warum er denn hierhergekommen wäre, wenn er doch gar nichts gesehen habe, und ob es nicht besser gewesen wäre, die Beamten zu schicken, die am Tatort waren. Darum hätte das Gericht ja auch in der Einladung gebeten. Völliges Unverständnis mit einem Anflug ehrlich empfundener Empörung beim Polizeichef. Ihm und nur ihm gebühre es, die Ermittlungsergebnisse der Polizei dem Gericht zu offerieren. Was soll denn da ein einfacher Kriminalbeamter? Das Blöde ist nur – die Unterlagen aus Thailand geben nicht viel her, kaum Fotos zur Lage der Spuren, keine Zeichnungen, keine Beweismittellisten, so gut wie keine Spurensicherung. Schlampig ohne Ende. Jeder hat sich gefragt, ob die da immer so arbeiten. Mit der Zeit der Vernehmung wurde der Grund für die Schlampigkeit immer klarer. Diese Erkenntnis war echt traurig. Ganz ehrlich Marcel, dass dieses Mädel dort gestorben ist, hat in Thailand nicht wirklich irgendjemanden interessiert. Eine Nutte aus der Provinz, da lohnt es anscheinend nicht, Arbeit zu investieren. Ein bisschen Gehirnmasse an der Wand, zwei Liter Blut im Bett verteilt, mein Gott, das ist halt das Berufsrisiko einer Hure in Thailand. Wie verächtlich der über das Opfer sprach, ohne selbst zu realisieren, dass er das gerade tut. Und da hat meines Erachtens der Dolmetscher noch vieles abgemildert, so wie der immer mit den Augen rollte, als der Herr General sprach, und in der Übersetzung um jede Formulierung rang. Ich war kurz davor, danach zu fragen, ob es vielleicht besser gewesen wäre, dem Herrn General zehn Riesen zu bezahlen und mein Mandant dann trotz dieser leidigen Sache hätte unbehelligt in Thailand bleiben können.«

»Hast du doch hoffentlich nicht, oder doch?«, fällt mir Marcel mit einem überaus besorgten Unterton ins Wort. Seine Besorgnis amüsiert mich. Nach all den Jahren, nach hunderten von Verhandlungstagen, die wir verteidigend nebeneinandersaßen, traut er mir immer noch eine solche, wenn auch in der Sache gerechtfertigte Taktlosigkeit zu. Na ja, oder vielleicht gerade deshalb.

»Ich musste mich zwingen, aber ich hab es gelassen. Mich hat das total wütend gemacht«, antworte ich.

»Puh, na Gott sei Dank. Stell mal das Piepen bei dir ab, das stört.«

»Hier ist kein Piepen, muss bei dir sein. Übrigens, die wenigen Bilder, die der mitgebracht hatte, waren spannend. Stell dir bitte eine kleine, zierliche Thailänderin vor. Hast du?«

»So weit reicht meine Fantasie noch«, sagt Marcel schnippisch.

»Gut, jetzt das Ganze in schwarzen Strapsen ohne Slip, halterlose Strümpfe, BH mit Spitze.«

»Worauf läuft das jetzt hinaus?«

»Die Hände sind vor dem Bauch mit Klebeband gefesselt, der Mund ist zugeklebt, Nase allerdings frei. Hast du das Bild?«

»Ja doch!«

»So lag sie auf dem Bett. Auf dem Rücken, Kopf an der Stirnseite des Bettes. Eine weiße Wand dahinter, nebst massiven Blutspritzern bis kurz unter die Decke, sie hatte nämlich drei oder vier stark blutende Platzwunden am

Kopf. Stammten offenbar von einem oder mehreren Schlägen mittels einer Sektflasche, die zerbrochen neben dem Bett lag.«

»Na gut, das ist ja nun nichts Ungewöhnliches. Die paar Blutspritzer. Sag mal, was piept da bei dir immer im Hintergrund? Das ist nicht bei mir.«

»Piept da wirklich was?« Ich halte kurz inne. Stille.

»Keine Ahnung. Aber pass auf, jetzt kommt es. Immer noch die kleine Thailänderin in Strapsen vor Augen? Vom Fußende des Bettes in den Schritt fotografiert. Bild gespeichert? Gut. Sie lag da drei Tage bei 27 bis 30 Grad Raumtemperatur.«

»Ich ahne, was kommt, deine Subtilität ist heute wieder unübertroffen«, sagt Marcel.

»Genau. Sie sah aus wie ein Luftballon, über den man Gummibänder gezogen hat, gerade am Bauch und an den Oberschenkeln. Mit Leichengas statt Luft oder Helium aufgepumpt. Hatte wegen der Leichenflecken und der fortgeschrittenen Fäulnis auch keinen so gesunden Teint mehr. Der Abdeckstift war wohl auch alle, oder sie hatte ihn gerade nicht zur Hand.«

»Pah, hör auf. Und woran ist sie gestorben? Dieses Piepen im Hintergrund macht mich noch wahnsinnig.«

»Du mit deinem Piepen, ich hör kein Piepen. Die Gerichtsmedizin hat aus ihrem Rachen eine Socke herausgeholt. Er muss sie ihr in den Mund gestopft und den dann zugeklebt haben. Durch den Todeskampf rutschte die Socke immer tiefer in den Rachen, sodass die Atemwege irgendwann in Gänze blockiert waren. Erstickt. Mit einem ziemlich langen Todeskampf. Und die Socke war, du sitzt hoffentlich, wenn nicht, halt dich fest, sie war nicht einmal biologisch abbaubar.«

»Hallo.« Jemand tippt mir auf die Schulter. Ich drehe mich aufgeschreckt um und blicke einer mir unbekannten Frau, so um die vierzig, in die Augen. Neben ihr ihre vielleicht zwölf- oder dreizehnjährige Tochter, die ganz und gar verstört und verängstigt dreinschaut.

»Sie wissen schon, dass Sie hier in der Schlange an einer Supermarktkasse stehen?!«, sagt die Frau mit einer Stimmlage zwischen Abscheu, Ekel und (mir in diesem Moment bewusst werdender verständlicher) Entrüstung.

Erschreckt werde ich mir auf einen Schlag der Örtlichkeit bewusst.

»25,86«, sagt eine andere weibliche Stimme plötzlich in meinem Rücken. Ich drehe mich in die andere Richtung und schaue einer Kassiererin in deren weit aufgerissenen Augen.

»Marcel, ich habe herausbekommen, woher das Piepen kommt. Ich melde mich gleich noch einmal.« Ich packe meine Sachen ein und schleiche aus dem Supermarkt.

»Mike hat Thailand nie verstanden, Herr Richter.«

Der Vorsitzende hatte die Befragung dieses Zeugen mit einer außergewöhnlichen Frage begonnen, nämlich ob der Zeuge eine Erklärung dafür hätte, was in dieser Nacht geschehen war. Ungewöhnlich war die Frage deshalb, weil der Zeuge durch den Vorsitzenden nicht nach Tatsachen, nach Wahrnehmungen, sondern ausdrücklich nach seiner Meinung gefragt worden war. Das Äußern von Meinungen ist nun allerdings die Aufgabe eines Zeugen nicht.

»Um das verstehen zu können, muss ich etwas ausholen, wenn die Zeit dafür ist. Ich war noch nie Zeuge, deshalb frage ich.«

»Herr Kramer, wir haben alle Zeit der Welt. Wann geht ihr Flug zurück?«, sagt der Vorsitzende.

»Übermorgen Abend.«

»Na dann müssen wir mit den zwei Tagen auskommen«, sagt der Vorsitzende.

Kramer ist kurz irritiert. War das jetzt ein Witz oder ernst gemeint? Wie auch immer, denkt er sich und beginnt zu sprechen:

»Alle, die wir dort leben, manch einer wie ich schon fünfzehn Jahre, andere erst wenige Monate oder wie Mike so zwei oder drei Jahre, sind Getriebene. Wir sind alle auf der Flucht. Nicht vor Polizei oder Justiz. In diesem Fall wäre auch in Thailand alles schnell vorbei, denn auch die Thailänder haben Kriminelle nicht so gern im Land. Wir sind auf der Flucht vor dem, was man gemeinhin den deutschen Alltag nennt. Vor beruflichem Stress, Familientristesse, Schulden, persönlichem Versagen, vor Verantwortung jeder Art. Zusammenfassend – vor allem vor uns selbst. Klar, es gibt auch ein paar wenige, die nach Thailand kommen, um sich einfach nur zur Ruhe zu setzen, schlicht weil sie es finanziell geschafft haben und es dort eben schön finden. Getroffen habe ich von denen noch keinen. Das sind sozusagen die Yetis unter den Auswanderern. Auf der anderen Seite sind wir trotz unserer Flucht Gefangene. Vor allem unserer eigenen Unfähigkeit, sich in Deutschland durchzusetzen, dort unser Leben auf die Reihe zu bekommen. Ich habe in Chiang Mai eine kleine Pension mit einer kleinen Bar. Bei mir trifft sich die ausländische, vor allem die deutsche Community, wie man auf Neudeutsch so schön sagt. Alle Auswanderer, die dort auf Dauer leben, schauen bei mir irgendwann mal vorbei, der eine regelmäßig zum Stammtisch, der andere sporadisch, wieder andere, wenn sie ganz am Boden sind und nicht mehr weiterwissen. Man hört viele Geschichten über das Leben vor Thailand. Immer waren und sind es Geschichten des Versagens. Noch nie war eine des Erfolges darunter.

Kommt man nach Thailand, Herr Richter, ist alles rosarot. Zunächst diese Gewissheit, alles hinter sich gelassen zu haben, die pure Überzeugung: Jetzt endlich wird alles gut! Das Wetter ist schön, die Kultur fremdartig spannend. Können Sie sich noch an Ihren ersten Schultag erinnern? So fühlen Sie sich die ersten sechs Monate. Wie frisch verliebt. Die pure Euphorie. Die Menschen in Thailand lachen Sie an, sind freundlich, hilfsbereit, empfangen Sie mit offenen Armen. Am Anfang zumindest. Es lebt sich gut und billig, na ja preiswert. Mit tausend Euro im Monat kommen Sie schon gut aus, können in einer schönen Wohnung oder einem Haus leben, können jeden Tag essen gehen, sich sogar eine Haushaltshilfe leisten. Sie können dort mit wenig Geld ein Leben leben, wie Sie es in Deutschland niemals hätten leben können. Man schläft bis Mittag, fährt dann in die Stadt, schlendert ein wenig durch die Altstadt, setzt sich am frühen Nachmittag das erste Mal in ein Restaurant, nimmt einen Imbiss, beobachtet die Menschen, knüpft Kontakte, unterhält sich, erzählt sich untereinander Heldengeschichten. Am Abend spaziert man erst über den berühmten Nachtmarkt von Chiang Mai, geht später in eine

Bar, und wenn einem danach ist, nimmt man sich eine junge Frau mit nach Hause. So schöne Frauen, wie man sie dort haben kann, hätten einen in Deutschland mit dem Arsch nicht angeschaut.«

Der Zeuge erschrickt sich ein wenig und schaut sich nach Reaktionen seiner Zuhörer suchend unsicher um und dann zum Richter hoch. »Darf man das hier so sagen, Herr Richter? Also Arsch meine ich. Ist mir einfach so herausgerutscht.«

Der Richter lächelt. »Dürfen Sie. Wenn es bei Arsch bleibt.«

»Ja, ja, ich gebe mir Mühe, Herr Richter. Wo war ich? Ach ja, der Anfang. Also, Sie haben dieses wundervolle Leben. Und das, ohne zu arbeiten! Ohne Alltagsstress. Niemand, der dir sagt, was du zu tun oder zu lassen hast. Du fragst dich, warum du das nicht schon dein ganzes Leben lang gemacht hast. Ein Leben wie im Schlaraffenland.«

Der Zeuge macht eine Pause, es scheint so, als höre er in sich hinein und versuche aus seiner Erinnerung Bilder an diese Zeit hervorzukramen.

»Doch es ist nicht von Dauer, schätze ich, dieses Gefühl hält nicht lange vor.« Der Vorsitzende holt den Zeugen gedanklich zurück in den Gerichtssaal.

»Nein, es reicht nur einen Wimpernschlag. Dann setzt die Ernüchterung ein. Die Freiheit, tun und lassen zu können, was immer man will, niemandem Rechenschaft ablegen, keine Verantwortung für jemand anderen tragen zu müssen, noch nicht mal für sich selbst, das schlägt nach einiger Zeit um in das Gefühl tiefer Einsamkeit. Man wird sich bewusst, dass man nicht dazu gemacht ist, wie Diogenes zu leben, man will diese überwältigenden Eindrücke mit jemandem teilen. Dessen ist man sich am Anfang nicht bewusst, und würde man danach gefragt, verneinte man das sicher mit Vehemenz. Aber es ist so. Nach einiger Zeit kommen bei einigen die ersten Geldsorgen dazu, behördliche Dinge in Deutschland lassen sich bisweilen nur sehr eingeschränkt von der Ferne aus erledigen. Die Einschläge der Granaten, vor denen man geflohen ist, kommen näher, wenn auch zunächst nur verbal. Man geht nicht mehr auf Erkundung, bleibt im Bett liegen und sagt sich: Heute geh ich mal ausnahmsweise nicht in die Stadt, heute will ich mal niemanden sehen. Tage wie diese werden immer häufiger. Das Nichtstun nervt, weil es ein Nicht-gebraucht-Werden ist. Von niemandem. Tödlich fürs Selbstbewusstsein. Vollkommene Lethargie. Von da an ist es nicht mehr weit bis zu dem Punkt, an dem du dir sagst, dass, wenn du jetzt sterben würdest, deine Leiche erst Wochen, vielleicht Monate später gefunden würde, weil es niemanden gibt, der sich für dich interessiert, der dich vermissen würde. Wenn du dir in dieser Phase eine junge Frau aus einer Bar mit nach Hause nimmst, dann nicht vordringlich, um Sex zu haben, sondern damit noch ein anderer Mensch außer dir selbst Geräusche in deiner Wohnung oder deinem Haus macht. Also nicht unbedingt sexuelle Geräusche. Verstehen Sie, was ich meine, Herr Richter, oder ist das zu wirr?«

»Ich denke, ich weiß, was Sie meinen. Sie schildern es sehr anschaulich. Ich finde diese Einblicke in das Seelenleben eines Auswanderers faszinierend. Völliges Neuland für mich.«

»Oh, vielen Dank für das Kompliment. Es ist auch für

mich das erste Mal, dass ich das so für mich selbst reflektiere. Jedenfalls, wenn du in einer solchen Phase steckst, braucht es viel Kraft, sich da herauszuziehen bzw. zu verhindern, dass man richtig in die Depression reinrutscht. Gelingt das? Vielen nicht, denn ganz ehrlich gesagt, die meisten von uns sind schwache Naturen, sonst wären wir nicht in Thailand gelandet. Ich schließe mich da gar nicht aus.«

»Verzeihen Sie die Unterbrechung. War das bei dem Angeklagten auch so?«, fragt der Vorsitzende dazwischen.

»Er war keine Ausnahme. Ich wollte gerade dazu kommen. Darf ich noch etwas voranstellen, es taugt vielleicht zum besseren Gesamtverständnis?«

»Aber natürlich, ich wollte nicht drängeln, auch wenn ich es unbeabsichtigt tat«, entschuldigt sich der Vorsitzende.

»Was man auch nicht vernachlässigen darf, ist die Fremdheit der dortigen Kultur, das völlig andere Miteinander der Menschen. Ein Thailänder wird dir niemals zeigen, was er denkt oder fühlt. Er kann dich auf den Tod hassen, und doch ist er dir gegenüber die Freundlichkeit in Person. Auch nach fünfzehn Jahren Thailand treibt mich das schier in den Wahnsinn, denn so freundlich dein Gegenüber auf dich wirkt, so sehr kann und wird er dir ohne Vorwarnung das Messer in den Rücken jagen. Also nach unseren westlichen Maßstäben betrachtet. Das meine ich ganz und gar nicht böse oder abwertend und will auch nicht zum Ausdruck bringen, wir wären besser, gar ehrlicher im Umgang mit anderen. Unsere westliche Heuchelei ist nur eben eine ganz andere. So vollkommen höflich und zuvorkommend der Thailänder sich Fremden gegenüber gibt, so konsequent ignorant ist er, wenn du seines Erachtens für ihn keinen Vorteil bringst. Dann bist du für einen Thailänder schlicht Luft. Ich hoffe, das macht mich jetzt nicht in Ihren Augen zum Rassisten. Ich liebe dieses Land, und ich liebe schließlich seit fünfzehn Jahren meine thailändische Frau.«

»Keineswegs, Herr Kramer. Ich denke, wir haben schon verstanden, was Sie meinen.«

»Mike kam zuletzt so alle drei oder vier Wochen zu mir in die Bar. Vorher war er eher sporadisch mal da, trank ein oder zwei Biere und unterhielt sich. Ich habe wenig mit ihm gesprochen, wusste eigentlich nur, dass er aus dem Brandenburgischen kommt und als Webdesigner gearbeitet hatte. Vorher wohl auch mal eine Zeit lang als Barmann in irgendeinem Theater oder so. Dann kam das Übliche, wie ich es schon so viele Male vor ihm gehört hatte. In Thailand im Urlaub und begeistert gewesen, hier ist alles so billig und so schön oder so schön billig, wie man will, Job verloren, keine Perspektive, Schnauze voll von Deutschland, Neuanfang. Bei ihm gab es noch die Besonderheit, dass er via Internet von hier aus arbeiten wollte, um Internetseiten zu programmieren, er hätte wohl noch einen Beratervertrag mit dem Theater oder der Bar, wo er gearbeitet hatte, um deren Website zu pflegen. Für mich hat er übrigens auch gearbeitet. Ich vermiete Zimmer, und er hat die deutsche Website für mich gemacht. Nachdem die Seite fertig war, wurden seine Besuche bei mir noch weniger. Dann, etwa drei, vier Wochen vor der Sache, kam er nach längerer Zeit wieder vorbei. So vierzehn Tage lang, alle zwei bis drei Tage. Er war nur noch ein Schatten seiner selbst, hatte angefangen, mehr zu trinken, als ihm guttat. Als Kneipier hat man da über die Jahre einen Blick für entwickelt. Gegangen ist er in dieser Zeit immer erst, wenn er voll war. Also so richtig betrunken, meine ich. So, dass ich ihm an einigen Abenden schon gar nichts mehr gegeben habe. Obwohl gegangen trifft es nicht, ich habe ihm mehrmals ein Taxi gerufen und ihm die Mopedschlüssel weggenommen. Die Taxifahrer haben von meiner Frau noch was extra bekommen, damit sie ihn in sein Haus bringen und ihn nicht nur davor aus dem Auto werfen, allein hätte er es sicher nicht nach Hause geschafft, nicht einmal von der Straße bis zu seiner Haustür. Zu dieser Zeit, so kurz vor dem Wasserfest in Chiang Mai, war in meiner Bar sehr viel los, sodass ich an den ersten Abenden, an denen er wie ein Häufchen, na eher wie ein großer Haufen Elend aufgetaucht war, keine Zeit hatte, mich mit ihm mal länger zu unterhalten. Zuerst dachte ich, es wäre der übliche Auswandererblues, aber ihn schien es richtig hart erwischt zu haben. Mein erster Versuch, aus ihm etwas herauszubekommen, war nicht sonderlich erfolgreich. Da war er schon zu betrunken, lallte unverständliches Zeug, aus dem ich nicht schlau wurde. Eines Abends klappte es dann doch. Dass es der Abend war, an dem er das letzte Mal bei mir war, konnte ich ja nicht wissen. Es war schlimmer, als ich je gedacht hatte. Er war am Ende, körperlich wie mental. Sein Gemütszustand war eine besorgniserregende, selbstzerstörerische Mischung aus Liebeskummer, tiefer Verletztheit, Wut, Selbstmitleid, Resignation und totaler Hoffnungslosigkeit. Er wirkte gelähmt, apathisch, ohne Lebensmut. Sein Beratervertrag war ausgelaufen, er hatte nur noch eine kleine Rente oder so was in der Art, irgendwie sechshundert Euro im Monat, das war etwas mehr als die Miete für sein Haus. Seine sonstigen Reserven waren aufgebraucht. Er litt unter einem schlechten Gewissen seinen Eltern gegenüber, die ihm seinen Schritt, nach Thailand zu gehen, wohl nicht verzeihen konnten und auch sonst enttäuscht von ihm waren, weil er es in seinem Leben angeblich zu nichts gebracht hatte. Zu was er es nach dem Willen seiner Eltern hätte bringen sollen, hat er nicht erzählt. Er wiederholte ständig den Satz, dass seine Eltern Recht damit hätten, dass er zu nichts tauge. Mir schien es allerdings, dass das nicht des Pudels Kern wäre, um Faust zu zitieren. Also fragte ich ihn nach seiner Freundin, denn ich hatte ihn in den vorangegangenen Monaten immer mal wieder mit ein und derselben Frau in der Stadt gesehen. Er schrie mich an: ›Was soll mit ihr sein?! Sie ist eine Nutte! Sie bleibt eine Nutte! Von der Kohle, die ich ihr in den Rachen gesteckt habe, hätte ich hier noch zehn Jahre leben können!‹«

Kramer dreht sich zu Petkau in Richtung Anklagebank.

»Es ist immer das gleiche Spiel. Immer und immer wieder. Und auch dich, mein Freund, hat das Ungeheuer der Fremde verschlungen und nicht wieder ausgespuckt.«

Petkau und Kramer schauen sich an.

»Wärst du mal eher gekommen und hättest dich ausgekotzt«, sagt Kramer. Dann wendet er sich wieder dem Gericht zu.

»Kann ich die Dinge hier beim Namen nennen, oder soll ich das Thema Frauen und Thailand besser umschreiben, Herr Richter?«

»Frei von der Leber weg, Herr Kramer. Das ist uns am liebsten.«

»Na gut. Auf Ihr Risiko. Jeder Mann, der ohne Familie nach Thailand kommt, geht schon am ersten Abend in eine dieser bekannten Bars. Wer sagt, dass er das nicht tut, der lügt. In den ersten Wochen bedient man sich aus diesem nahezu unendlichen Reservoir. Probiert all die Dinge aus, die einem dort geboten werden, erfüllt sich seine Fantasien. Es sind ja meist Männer jenseits der vierzig, die bei uns in Chiang Mai aufschlagen. Man erliegt einfach der Verlockung von jungen Frauen, von denen in der Regel keine älter als fünfundzwanzig ist. Davon mag man halten, was man will, aber es ist so. Die Frauen stammen meist aus der ärmsten Gegend Thailands, dem Isan, so etwa acht bis zehn Stunden mit dem Bus von Chiang Mai weg. Sie kommen ganz bewusst in die großen Städte, um als Prostituierte zu arbeiten. Einen Großteil des Geldes schicken sie nach Hause, davon lebt dann die ganze restliche Familie. Das Interesse dieser Frauen ist darauf gerichtet, dauerhafte Kundenkontakte aufzubauen, wenn ich das so nennen darf. Entweder zu Männern, die als Auswanderer dort leben, oder zu solchen, die regelmäßig nach Thailand in den Urlaub fahren. Diese Urlaubskontakte werden auch gepflegt, durch E-Mails und, wenn es sprachlich geht, durch gelegentliche Telefonate. Sie wollen ja, dass der betreffende Mann auch seinen nächsten Urlaub mit ihnen verbringt und sie dafür bezahlt. Dabei tun diese Frauen alles dafür, dass die auserkorenen Männer eine emotionale Bindung, im Idealfall eine emotionale Abhängigkeit zu ihnen aufbauen. Das klingt berechnend? Ist es auch, absolut, aber täten diese Mädchen es nicht, hausten sie in palmwedelgedeckten Hütten aus Holz mit Lehm- oder Sandfußboden und wären schon mit vierzehn verheiratet worden, damit sie der Familie nicht mehr auf der Tasche liegen.

Zurück zu den Männern. Hat man sich sozusagen ausgetobt, kommt der Moment, an welchem man sich nicht nach wildem Sex unterschiedlichster Spielarten, sondern nach Vertrautheit sehnt, danach, morgens zusammen aufzustehen und mit der Frau, mit der man die Nacht verbracht hat, zu frühstücken, etwas zu unternehmen usw. Auf diesen Moment hat die betreffende Frau nur gewartet, sie hat ihn geradezu herbeigesehnt. Du führst ab diesem Moment etwas, was sich wirklich wie eine Beziehung anfühlt. Und zwar eine, bei welcher dir fast jeder Wunsch von den Augen abgelesen wird. Wenn du dir dabei nicht jeden Moment vor Augen führst, dass auch das, bei aller Sympathie, nichts anderes als eine Geschäftsbeziehung ist, bist du verloren. Denn Exklusivität ist niemals Bestandteil einer solchen Beziehung. Mike hatte sich anscheinend unsterblich in diese Frau verliebt. Sie waren, so erzählte er mir, sogar zu ihr nach Hause in ihr Dorf gefahren, übrigens einen nagelneuen Kühlschrank im Gepäck. Er hatte auf ihre Bitte hin auch irgendwelche Krankenhauskosten für ihren Bruder bezahlt, ihr zudem ein Moped gekauft, damit sie nicht mit dem Bus zu ihm rausfahren musste. Dass das genau so geschieht, ist Teil der geschäftlichen Übereinkunft. Kann man das oder, was auch vorkommt, will man das finanziell nicht leisten, dann wird die Geschäftsbeziehung beendet, und die Frau zieht sich augenblicklich zurück.«

Kramer blickt kurz auf und schaut in die Runde.

»Ich schaue gerade in ziemlich viele fassungslose Gesichter.«

Fast scheint es so, als amüsiere ihn das.

»Klingt so, als bräche ich den Stab über diese jungen thailändischen Frauen, oder? Ich darf Ihnen aber versichern, dass mir nichts ferner liegt. Es ist Teil einer Überlebensstrategie am anderen Ende der Welt, es ist Teil einer Strategie dieser Frauen, aus dem Elend ihrer Geburt herauszukommen. Viele sparen jeden Cent, gehen studieren oder machen eine Ausbildung, was sie sich ohne das niemals hätten leisten können. Sie ernähren Großfamilien. Herr Richter, ist klar geworden, dass ich mich keinesfalls verächtlich über diese jungen Frauen und das, was sie tun, äußern wollte? Daran läge mir wirklich viel.«

»Wäre dem nicht so, Herr Kramer, hätte ich Sie schon lange unterbrochen. Anderes hätte ich in meinem Gerichtssaal auch gar nicht geduldet.«

»Da bin ich erleichtert. Zurück zu diesem besagten Abend, als er bei mir saß. Wenn ich es rekapituliere, war es auch das letzte Mal, dass ich ihn in Thailand sah. Ich fragte ihn wie gesagt nach seiner Freundin, und er reagierte voller Wut. Mike hatten seine Gefühle für sie übermannt. Für ihn war das keine geschäftliche Beziehung mehr. Sie war seine Partnerin, seine Lebensgefährtin. Ganz und gar exklusiv. Er hatte auf ihrem Telefon Nachrichten eines Holländers gesehen, der seinen Besuch ankündigte und die Zeit in Thailand mit ihr verbringen wollte. Sie hatte zugesagt und war, als er bei mir saß, gerade mit besagtem Holländer im Süden an der Küste unterwegs. Eifersucht plagte ihn, furchtbare Eifersucht.«

»Warum hat er ihr nicht gesagt, dass er nicht möchte, dass sie sich weiterhin mit anderen Männern trifft?«, fragt der Vorsitzende dazwischen.

»Wie denn, Herr Richter? Er sprach kein Thai, sie kein Deutsch und nur Bruchstücke Englisch. Warten Sie kurz … Englisch, irgendetwas war mit Englisch. Ja, genau, er hatte für sie einen Englischkurs gebucht und den von seinen letzten Ersparnissen bezahlt. Aber worum es da genau ging, daran erinnere ich mich nicht.«

»Stimmt, der Englischkurs. Darüber haben wir uns an dem Abend gestritten. Oben im Schlafzimmer«, Petkau murmelt vor sich hin, allerdings so laut, dass zumindest das Gericht ihn genau versteht.

»Herr Kramer, verzeihen Sie, dass ich Sie kurz unterbreche.«

Danach wendet er sich dem Angeklagten zu.

»Wollten Sie etwas sagen, Herr Petkau?«

Petkau schreckt gedankenverloren hoch.

Bevor ich irgendwie eingreifen kann, plappert mein Mandant los. Der Albtraum für jeden Verteidiger.

»Mir ist eingefallen, worum es an diesem Abend ging, worüber wir uns gestritten haben. Nicht alles, aber Bruchstücke, wie kleine Filmausschnitte. Thien kam an diesem Abend nach Hause. Das erste Mal seit zwei Wochen. Ihr Holländer sollte an diesem Morgen wieder nach Hause fliegen. Das wusste ich auch, aber ich kann mich nicht erinnern woher. Vielleicht aus ihrem Telefon, vielleicht aus ihrem Kalender. Jedenfalls wartete ich schon den ganzen Tag. Aber sie kam nicht, nicht am Vormittag, nicht am Mittag und nicht nachmittags. Erst am frühen Abend stand sie in der Tür, es war jedenfalls schon dunkel. Sie war so wie immer, lachend, strahlend, wunderschön. Ich war glücklich, dass sie wieder da war. Als wäre sie nie weg gewesen.«

Petkau spricht sehr langsam. Er ringt mit jedem Wort, kämpft um jedes Detail, welches er aus seiner Erinnerung hervorkramt.

»Ich sehe das alles wie durch eine dichte Nebelwand.«

»Erinnern Sie sich vielleicht jetzt auch, ob Sie an diesem Tag getrunken hatten?«, fragt der Vorsitzende und flüstert der Protokollführerin über den Richtertisch hinweg zu, sie möge ins Protokoll aufnehmen, dass die Vernehmung des Zeugen unterbrochen wird und sich der Angeklagte zur Sache äußert. Eigentlich müsste er den Zeugen bitten, den Saal zu verlassen, aber das tut er aus verständlichen Gründen nicht.

»In den zwei Wochen, in denen sie weg war, habe ich jeden Tag getrunken, von morgens bis ich ins Bett ging. Ob ich betrunken war, als sie endlich wiederkam, das kann ich nicht sagen. Vermutlich ja, denn ich war ja jeden anderen Tag auch betrunken.«

Petkau schweigt. Man sieht dem Vorsitzenden seinen Ärger über sich selbst an, dass er Petkau mit seiner Zwischenfrage aus seiner Gedankenwelt gerissen hat.

»Geht der Film noch weiter, Herr Petkau? Irgendwann waren Sie beide ja im Schlafzimmer«, versucht er vorsichtig Petkau eine Brücke zu bauen.

»Ja, das Schlafzimmer. Ich habe ja auch die Fotos gesehen, Herr Richter, wie sie da in ihrer Unterwäsche lag. Ein solches Bild von ihr in Unterwäsche habe ich nicht vor Augen. Also von diesem Abend. Nur ihren Kopf bis zur Schulter. Sie stand vor mir, und ich habe sie auf Englisch angeschrien. Aber was und warum? Ich weiß es nicht. Nur dass der Englischkurs da eine Rolle spielte. Ich hatte ihr Geld gegeben, damit sie den buchen und bezahlen kann.«

Petkau schließt die Augen.

»Ich habe ein Telefon in der Hand. Ihr Telefon. Ich habe telefoniert, bevor ich sie anschrie. Aber wen soll ich denn da angerufen haben?«

Der Vorsitzende wendet sich zu dem Richter an seiner Rechten. »Hatte die thailändische Polizei uns nicht die Auswertung bezüglich des Auslesens des Telefons des Tatopfers geschickt?«

Der beisitzende Richter beginnt in den Akten zu blättern und reicht dem Vorsitzenden eine aufgeschlagene Akte.

»Die letzte Nummer, die vom Telefon Ihrer Freundin angerufen wurde, ist eine mit einer niederländischen Vorwahl. Kann es sein, dass Sie mit besagtem Holländer telefoniert haben?«

»Ich? Ich würde jeden Eid ablegen, dass ich mit dem niemals ein einziges Wort gesprochen habe«, antwortet Petkau. »Aber kann ich es wirklich ausschließen? Ich stand in dieser Zeit völlig neben mir.«

Abermals macht Petkau eine Pause. Seine Anstrengung, die Geschehnisse dieses Abends zu rekapitulieren, sind ihm ins Gesicht gemeißelt.

»Das Nächste, woran ich mich erinnern kann, ist, dass ich am darauffolgenden Morgen neben ihr aufwachte.«

»Als Sie Thien angeschrien haben, wie hat sie darauf reagiert?«

»Weiß ich nicht. Ich sehe nur ihr Gesicht und ihre nackten Schultern vor mir.«

»Wie war denn ihr Gesichtsausdruck?«

Petkaus Antwort kommt sofort.

»Ertappt, Herr Richter. Irgendwie ertappt.«

Am nächsten Verhandlungstag gibt der Vorsitzende bekannt, dass sich die Kammer erfolgreich darum bemüht habe, den Anschlussinhaber des niederländischen Telefonanschlusses zu ermitteln. Es sei auch gelungen, diesen zu kontaktieren. Man habe ihm mitgeteilt, dass man ihn in Deutschland als Zeuge benötige, und gefragt, ob er es einrichten könne, am Landgericht zu erscheinen. Der Zeuge, der im Übrigen fließend Deutsch spräche, habe mitgeteilt, dass er dem Gericht selbstverständlich zur Verfügung steht, allerdings frühestens in drei Monaten, da er sich gerade auf einer längeren beruflichen Reise in Südamerika befinde und dort unabkömmlich sei. Auf Nachfrage bejahte der Zeuge, einmal mit dem Angeklagten telefoniert zu haben. Das Gericht habe den Zeugen daraufhin gebeten, seine Erinnerungen, insbesondere an das Telefonat, so detailliert wie möglich aufzuschreiben.

Das hatte der Zeuge tatsächlich getan, sodass der Vorsitzende allen Verfahrensbeteiligten eine Kopie der E-Mail des Zeugen übergibt.

Nach einer kurzen Pause, in der alle die E-Mail zur Kenntnis nehmen, wird selbige mit dem Einverständnis aller in der Verhandlung verlesen:

Sehr geehrte Damen und Herren Richter,

es war ein großer Schock, von Thiens Tod zu erfahren. Auch wenn sie »nur« eine Urlaubsbekanntschaft war, standen wir uns nahe, hielten auch zwischen meinen Aufenthalten in Thailand Kontakt. Wir gratulierten uns zu den Feiertagen und den Geburtstagen, schickten uns gegenseitig kleine Aufmerksamkeiten. Ab und an ließ ich ihr auch ein wenig Geld zukommen. Das ist in Thailand so üblich.

Ich muss zugeben, dass es mir von Mal zu Mal schwerer fiel, mich von Thien zu trennen, wieder nach Hause zu fliegen. Wie gern hätte ich sie mit zu mir genommen. Aber ich verstand natürlich, dass sie ihre Familie nicht allein in Thailand zurücklassen konnte. Als wir das letzte Mal darüber sprachen, sagte sie, dass sie mich jederzeit begleiten würde, wenn auch ihre Familie mit nach Holland kommen könnte. Das überstieg jedoch meine finanziellen Möglichkeiten bei Weitem.

In meinem vorletzten Urlaub hatte ich ihre Familie kennengelernt. Für mich war die Bitte Thiens, mich ihrer Familie vorstellen zu wollen, eine Geste, dass ich für sie nicht nur ein Kunde, sondern viel mehr geworden war. Wir sind dazu einmal quer durchs Land gefahren. Sehr arme Gegend, mit der Südküste und dem Norden nicht zu vergleichen. Da verirrt sich kein Tourist hin. Als Gastgeschenk brachte ich ein nagelneues Moped mit. Eigentlich war mir ein solches Geschenk viel zu teuer, ich hatte da eher an Blumen für die Frau Mama gedacht. Aber Thien drängelte über Monate und gab mir immer und immer wieder zu verstehen, wie dringend man dort ein Moped brauche und dass ich ihr mit einem solchen Geschenk zeigen könnte, dass ich sie tatsächlich liebte. Und das tat ich. Deshalb kaufte ich das Moped.

Dass sie sich, wenn ich nicht da war, noch immer mit anderen Männern traf, ahnte ich. Darauf angesprochen habe ich sie allerdings nie. Ich glaube, ich hatte Angst vor der Antwort, wollte sie nicht aus ihrem Munde hören, obwohl ich sie doch kannte. Womit hätte sie sonst Geld verdient?

Thien hatte große Pläne für ihr Leben. Soviel sie nur konnte, sparte sie von ihrem verdienten Geld, um eine Ausbildung zur Kosmetikerin machen zu können. Dazu ist es ja nun nicht mehr gekommen.

Zu diesem letzten Tag meines Urlaubs in Thailand. Wir hatten fast zwei Wochen miteinander verbracht, waren keine Minute getrennt. Es waren sehr, sehr glückliche Tage für mich, und ich denke auch für sie. Um halb zehn Uhr morgens ging mein Flieger von Chiang Mai nach Bangkok. Thien hatte mich zum Flughafen gebracht. Von Bangkok aus sollte es dann direkt nach Amsterdam gehen. Aber erst um 21 Uhr. Ich saß schon in der Maschine nach Amsterdam und wollte gerade das Telefon auf Flugmodus schalten, als Thiens Nummer aufleuchtete. Ich war traurig und freute mich zugleich, Abschiede sind nicht so mein Ding. Damit kann ich schlecht umgehen. Ich nahm das Gespräch an, und noch bevor ich irgendetwas sagen konnte, brüllte mich ein Mann auf Deutsch durchs Telefon an. Das wäre sein Mädchen, ich sollte die Finger von ihr lassen usw. Er faselte etwas von einem Kühlschrank und einem Moped. Und von einem Englischkurs, den er ihr bezahlt hatte. Der Mann war stark betrunken, seine Stimme war undeutlich, verwaschen sagt man da wohl genauer im Deutschen. Manchmal verfiel er auch ins Lallen, und seine Stimme überschlug sich. Ich war total geschockt, dachte erst, man hätte Thiens Telefon gestohlen, und jetzt ruft der Dieb in seinem Suff wild irgendwelche Nummern aus dem Telefon an. Doch dann hörte ich Thiens aufgeregte Stimme im Hintergrund. Ich habe natürlich nicht verstanden, was sie sagte, ich spreche auch kein Thai, aber für mich klang das von der Stimmlage her so, als wolle sie, dass er damit aufhört. Ihre Stimme wurde immer lauter, fast schon hysterisch. Ich war vollkommen verunsichert und hatte Angst um sie. Wie sollte ich reagieren? Ich wusste es nicht. Mir fiel nichts Besseres ein, als ihm zu sagen, dass das mit dem Englischkurs Unsinn sei, dass ich ihr das Geld dafür gegeben habe und nicht er. Einen kurzen Moment war Ruhe am Telefon, man hörte nur noch Thien im Hintergrund. Die Stimmlage des Mannes war urplötzlich eine ganz andere, noch immer nicht klar, aber doch um vieles deutlicher. Er schrie auch nicht mehr. »Du auch? Du hast ihr auch das Geld für den Englischkurs gegeben? Die hat uns beide verarscht, nur verarscht, Kamerad! Abgezockt hat uns diese Nutte! Betrogen!« Das mit dem Englischkursgeld schien ihn tief getroffen zu haben. Dann brüllte er offenbar sie an, bezeichnete sie als Nutte, Hure und noch anderes, was ich allerdings nicht verstand. Das Letzte, was ich hörte, war ein lautes Geräusch, so wie wenn ein Stuhl auf einen Fliesenboden fällt. Danach brach das Telefonat ab. Seitdem habe ich von Thien nichts mehr gehört.

»Herr Petkau, war das so, wie der Zeuge das schreibt? Haben Sie nach dem Telefonat die Nerven verloren und haben Ihrer Freundin das angetan?«, fragt der Vorsitzende den Angeklagten.

»Ich würde es Ihnen sagen, Herr Richter, ich würde es Ihnen wirklich sagen, erinnerte ich mich daran. Aber da ist nichts, nur ein großes schwarzes Loch.«

Die weitere Beweisaufnahme vermochte dieses schwarze Loch nicht zu füllen. Was in dieser Nacht im Einzelnen geschah, es wird für immer und ewig im Verborgenen bleiben.

DAS GENIE

»In diesem Drecksladen funktioniert aber auch gar nichts!« Er war ständig am Fluchen. Kein Satz ohne wüste Beschimpfungen der vulgärsten Art. Sein Sozialverhalten glich mehr dem eines Tieres als dem eines Menschen. Völlig verwahrlost, äußerlich wie innerlich. Fünfundzwanzig Jahre alt, alkoholabhängig, Abgangszeugnis Sonderschule Klasse 6, seit zehn Jahren auf der Straße, mehrfach vorbestraft, Körperverletzung, Diebstahl, Raub. Damit hatte er angefangen, da war er noch nicht einmal zwölf. Mit fünfzehn das erste Mal in Haft und dann immer wieder. Mehr als ein paar Monate war er seit dem nicht am Stück in Freiheit gewesen.

Eigentlich war ich nur zu ihm in die Untersuchungshaft gefahren, um ihm zu erklären, dass und warum ich ihn nicht weiter verteidigen konnte. Es ging nicht. Böttger war nicht beherrschbar. Ich wollte nicht neben einem Mandanten im Gerichtssaal sitzen, der die zuständige Vorsitzende Richterin mit Ausdrücken wie »alte Fotze« betiteln würde. Und genau das würde Böttger tun, da war ich mir absolut sicher. Ein auch nur im Ansatz vernünftiges Gespräch über das Geschehene war mit ihm schlicht nicht möglich.

Böttger beschwerte sich in unserem Gespräch wieder einmal über irgendwelche Dinge in der JVA. Nein, beschwerte trifft es nicht. Er kotzte sich unter Verwendung von Schimpfwörtern übelster Art aus. Auf dieses Niveau wollte und konnte ich mich nicht begeben, sodass ich ihm sagte, das sei nicht meine Baustelle und er solle das doch mit dem Sozialarbeiter auf der Station besprechen. Ganz ehrlich? Ich hatte auf Durchzug geschaltet.

Deshalb erinnere ich mich auch nicht mehr daran, um welches Anliegen es Böttger damals genau ging. An das, was folgte jedoch umso mehr. Es kam nämlich dieser Satz: »Hab ich schon. Dieses adipöse Arschloch sagte zu mir, dass es das hier nicht gebe.«

Ich stutzte. »Adipös«, die Verwendung von »gebe« als Konjunktiv und nicht etwa »geben würde«. Mit Abgangszeugnis Sonderschule Klasse 6?

In diesem Moment stand Böttger auf, und während er sich den Pullover auszog, rutschte auch sein T-Shirt mit nach oben und gab die Sicht auf seinen Rücken frei. Diesen Anblick striemenvernarbter Haut kannte ich nur vom Rücken meines Großvaters. Allerdings stammten die von den Peitschen der SS-Aufseher im Konzentrationslager Sachsenhausen.

Dieser schockierende Anblick von Böttgers Rücken stimmte mich um. Ich wollte herausfinden, wer ihm das angetan hat und was hinter der Fassade des das Wort »adipös« kennenden Sonderschülers steckte.

Wenn ich meine Kinder anschaue, mit ihnen über Gott und die Welt philosophiere, sie mit meiner frühkindlichen Schädigung – meine Eltern waren Geschichtslehrer – in Form meiner Liebe zu historischen Ereignissen und Zusammenhängen nerve, ertappe ich mich ein ums andere Mal bei einem Gedanken an ihn. Wer bestimmt, wo hinein wir geboren werden? Wie viele wie ihn gibt es noch da draußen?

Der kleine blonde Junge hasste es, mit seiner Mutter in den kleinen Lebensmittelladen um die Ecke zu gehen. Es dauerte immer ewig. Ständig redete seine Mutter mit irgendjemandem, auf dem Weg zum Laden, vor dem Laden, in selbigem, auf dem Rückweg. Meistens mit anderen Frauen, die ihm irgendwann mitleidig über den Kopf streichelten und so etwas sagten wie: »Kopf hoch, kleiner Mann« oder »Du bist trotzdem ein fescher Junge«. »Ändert sich das noch mit seiner Trichterbrust und seinen ungleich großen Händen?«, war die erste Frage dieser Frauen an seine Mutter, bevor er deren schweißige Hände auf seinem Kopf spürte. »Kommt er denn auf eine normale Schule?« war meist die zweite Frage, und seine Mutter antwortete dann immer, dass sie das noch nicht wisse, er sei ja auch erst fünf und man habe noch ein Jahr Zeit. Heute war die Kassiererin dran, die von seiner Mutter mit den neuesten Geschichten aus seiner Familie und der Nachbarschaft versorgt wurde. Sie redeten über seinen Vater, der im Gefängnis war, zusammen mit irgendeinem anderen Mann, den die Kassiererin und seine Mutter kannten. So wie die darüber sprachen, schien das nichts Besonderes zu sein. »Na wenigstens müssen Sie kein Bier schleppen, solange er weg ist«, sagte die Kassiererin und tippte dabei den Preis für die vier Flaschen Wein in die Kasse ein, die seine Mutter wie fast jeden Tag eingekauft hatte. Gerade war wieder die Hand der Kassiererin auf dem Weg zu seinem Kopf, als er sich rettete: »Sie haben den Preis für die Butter falsch eingetippt. Die kostet 2,50 Mark und nicht 2,87 Mark. Das sind 37 Pfennig zu viel.« Die Kassiererin stutzte und kontrollierte den Bon. Es stimmte. Sie schaute erst ihn, dann seine Mutter ungläubig an: »Sagten Sie nicht, er sei erst fünf?«

Bald, schon bald würde Andy ein Schulkind sein. Er konnte es gar nicht erwarten. Jeden Tag versuchte er, seinen Arm über seinen Kopf zu legen und sein Ohr zu erreichen. Seine Oma hatte ihm gesagt, dass man erst dann zur Schule dürfte, wenn man das konnte. Noch schaffte er das nicht. Von einem Jungen aus der Nachbarschaft, der immerhin schon in der dritten Klasse war, hatte er sich kurz vor Weihnachten die alten Schulbücher, die Fibel, das Mathematikbuch, die Übungshefte besorgt und stöberte jeden Tag darin. Zu seinem Geburtstag im Februar wünschte er sich von seiner Mama ein Buch, damit er lesen könnte. Seine Mama schien ihm aber nicht richtig zugehört zu haben, denn er bekam zwar ein Buch, aber da waren nur Bilder drin. Was sollte er denn damit?

Bücher fand er toll. Deshalb machte es ihm fast nichts aus, allein zu sein. Die Kinder aus der Nachbarschaft spielten nicht mit ihm. Wenn er mal auf den Spielplatz ging, der nicht weit weg von seinem Haus war, dauerte es gar nicht lang, bis sich die anderen Kinder über ihn lustig machten. Wollten, dass er sein T-Shirt, seinen Pullover oder sein Hemd auszog, um seine Brust zu sehen. Um danach noch mehr zu lachen. Einmal hatten die anderen Kinder ihn mitspielen lassen. Verstecken. Er war gleich als Erster mit dem Suchen dran. Er suchte die anderen Kinder sehr, sehr lange, konnte aber nicht ein einziges finden. Als er enttäuscht nach Hause lief, sah er die anderen Kinder vor einem anderen Haus auf dem Wäscheplatz Fußball spielen. Er erinnerte sich noch zwanzig Jahre später genau an diesen Moment. Es war das erste Mal in seinem Leben, dass er unendliche Wut spürte.

Wie sehr Andy sich doch einen Freund wünschte. Niemand klingelte an seiner Tür und fragte, ob er mit zum Spielen runterkäme. Aber wenigstens kam der Junge, dessen Schulbücher er bekommen hatte. Eigentlich fast jeden Tag. Jedenfalls dann, wenn der Junge Hausaufgaben machen musste. Manchmal gingen sie zusammen in Andys Kinderzimmer, meistens jedoch gab er ihm nur seinen Ranzen, sagte, dass die Hausaufgaben im Hausaufgabenheft stünden. Am Anfang war das schon wirklich schwer, der Junge war schließlich schon in der dritten Klasse. Rechnen war kein Problem, das war sogar sehr einfach. Lesen konnte er auch schon ganz gut, aber das Schreiben war schwierig. Als der Junge seine Hausaufgaben noch selbst machte, stand unter den Aufgaben oft mit roter Schrift »Du musst mehr üben!« oder »Du musst im Unterricht besser aufpassen!«. Seit Andy die Hausaufgaben machte, waren es Worte wie »Gut gemacht!« und »Alles richtig. Klasse!«. Irgendwann kurz vor den Sommerferien traf er diesen Jungen auf dem Weg zum Spielplatz. Der Junge sah ihn, kam auf ihn zugerannt, schubste ihn gegen den Zaun und schlug ihm mit der Faust ins Gesicht.

»Du Idiot, du hast dich bei meinen Hausaufgaben verrechnet. Meine Mutter hat die Aufgaben kontrolliert, ich musste alles noch mal machen und durfte nicht zum Fußballspielen gehen.«

Abends klingelte er bei dem Jungen an der Tür, bat ihn um Entschuldigung und hielt ihm eine Tafel Schokolade hin. Es war seine letzte, die hatte er sich seit Weihnachten aufgehoben. Der Junge nahm die Schokolade, sagte nur »Freak« und schlug die Tür zu. Niemals wieder haben sie auch nur ein Wort gewechselt.

Dann endlich Schule. Andy hatte diesen Tag herbeigesehnt, sich in die erste Reihe, gleich vor die Lehrerin gesetzt. Er wollte nichts, aber auch gar nichts verpassen. Dass die anderen Kinder ihn schon an seinem ersten Schultag ärgerten, er kannte ja die meisten aus dem Kindergarten und der Nachbarschaft, störte ihn nicht. Er durfte endlich lernen. Bei jeder Frage, die die Lehrerin stellte, meldete er sich.

»Wer kann denn schon seinen Namen schreiben?«

Klar konnte er das.

»Wer weiß denn, wie viele Äpfel man in der Hand hat, wenn man erst einen und dann noch einen Apfel aus der Schale nimmt?« usw. Antworten durfte er nie.

Wenige Wochen später. Kurz vor den Herbstferien.

Andy wollte nicht mehr in die Schule. Was die da machten, das konnte er doch alles schon. 3 + 3 = 6. Ja, was denn sonst? M A M A, O M A, P A P A, M I M I – wollten die ihn veralbern? Er langweilte sich zu Tode, fing an, im Unterricht mit seinen Matchboxautos zu spielen. Bis die Lehrerin ihm die Autos wegnahm. Er machte Faxen, summte vor sich hin, nannte seine Mitschüler »blöd« und »dumm«, wenn die mal wieder viel zu lange brauchten, um irgendeine Aufgabe zu lösen. Dafür gelobt, dass er schon lange vor den anderen fertig war, hat ihn die Lehrerin nicht ein einziges Mal. Auch nicht gefragt, woher er das denn alles schon konnte. Irgendwann wurde es ihm zu blöd, diese Aufgaben zu lösen, das konnten ja schon Babys. Die Lehrerin hörte ihm nicht zu, warum sollte er dann der Lehrerin zuhören? Also tat er in der Schule gar nichts mehr. Er saß nur noch da. Wenn die Lehrerin ihn etwas fragte, antwortete er nicht. Wenn sie rechnen oder schreiben sollten, gab er ein leeres Blatt ab. Eines Abends, kurz nach dem Jahreswechsel, kam seine Lehrerin zu ihm nach Hause und redete mit seinen Eltern. Er musste in sein Kinderzimmer gehen. Als die Lehrerin weg war, kam seine Mutter zu ihm ins Zimmer: »Deine Lehrerin sagt, du bist zu doof für eine normale Schule. Nach den Winterferien gehst du auf eine andere.«

»Auf welche Schule, Mama?«

»Auf die für Bekloppte.«

Die Wohnungstür fliegt auf. Zehn ist Andy mittlerweile. Sein Vater kommt nach Hause. Es kracht im Flur, sein Vater ist wieder so betrunken, dass er gegen alles rennt, was ihm im Weg steht. Irgendein Gegenstand fliegt gegen die Kinderzimmertür.

»Du Missgeburt sollst deinen Scheiß wegräumen!«, brüllt sein Vater.

Und gleich danach: »Hey Schlampe, zieh dich aus, ich will ficken.«

Seine Mutter lallt: »Lass mich in Ruhe, Arschloch.«

Sie liegt schon seit nachmittags betrunken auf dem Sofa.

Er hört Schläge, seine Mutter schreit. »Ich – will – deinen – Arsch – ficken!«, jedes Wort begleitet von einem Schlag. Er steht auf und rennt ins Wohnzimmer. Sein Vater hatte seine Mutter an den langen blonden Haaren gepackt und sie vom Sofa gezogen. Ihr Körper hängt jetzt schlaff an den Haaren, so als wären diese irgendwo an der Zimmerdecke festgemacht. Sein Vater prügelt unaufhörlich auf sie ein. Seine Mutter reagiert nicht, ihre Arme hängen baumelnd an ihrem Körper herunter, ihre Augen sind geschlossen, kein Laut kommt aus ihrem Mund. Sie blutet aus der Nase, dem Mund, den Ohren und auch aus den Augen. Er rennt auf seinen Vater zu, schubst ihn zur Seite. Der verliert den Halt und fällt rückwärts auf den Couchtisch. Im Fallen lässt sein Vater die Haare seiner Mutter los, deren Kopf erst federnd auf dem Sofa und dann ungebremst auf dem Fußboden aufschlägt. Seine beiden kleinen Schwestern, drei und fünf Jahre alt, stehen plötzlich im Wohnzimmer. Beide weinen. Sein Vater rappelt sich hoch. »Du Missgeburt wagst es!«

Der Junge nimmt seine beiden Schwestern an die Hand und rennt zurück ins Kinderzimmer. Er weiß, was jetzt kommt.

»Kommt zu mir, kommt zu mir.«

Sie kauern sich in die hinterste Ecke des Kinderzimmers. Er legt seinen Oberkörper über seine Schwestern, versucht sie zu beruhigen. Als er die Schritte, das betrunkene Grunzen, das wütende Schnauben seines Vaters hört, hört, wie der einen Stab aus dem Kinderbettchen herausbricht, sagt er zu seinen Schwestern: »Bleibt ganz ruhig. Er kann euch nichts tun.«

Dann schließt er die Augen. Er schreit nicht ein einziges Mal, als der Stab immer und immer wieder seinen Rücken trifft. Dass er nicht schreit, macht seinen Vater noch wütender. »... Bastard ... schlag dich tot ...« Andy nimmt nur noch Bruchstücke wahr. Holz splittert. Der erste Stab zerbricht auf seinem Rücken, der zweite, der dritte. Mit jedem Schlag drückt er mit seinen Armen seine kleinen Schwestern enger an sich heran. Wie viele Schläge es waren, er weiß es nicht.

Dann schreit es wieder. Andere Stimmen, Männer- und Frauenstimmen. Was sie rufen, kann er mehr erahnen als verstehen. Seine Ohren sind mit Blut vollgelaufen. Die Schläge haben aufgehört. Hände umfassen ihn, sanfte Hände.

»Alles gut, Kleiner, alles vorbei.«

Er will seine Schwestern nicht loslassen, krampfhaft umklammert er beide. Jemand streicht ihm über seinen Kopf.

»Lass sie bitte los. Wir sind Polizisten. Niemand kann ihnen jetzt noch etwas tun.« Eine Frauenstimme.

Andy blickt nach oben. Er ist ob der vielen Schläge auf seinen Kopf und seinen Rücken benommen, nimmt alles nur verschwommen wahr. Ein Mann in einer grünen Uniform nimmt ihn auf den Arm und trägt ihn in den Flur.

Eine junge Frau mit einer orangefarbenen Jacke hält den Polizisten im Flur der Wohnung auf. Sie leuchtet Andy mit einer kleinen Taschenlampe in beide Augen und tastet seinen Kopf ab.

»Oh, mein Gott.« Sie bedeutet dem Polizisten, Andy auf die im Flur stehende Trage abzulegen, und winkt zwei Männer heran, die ebenfalls orangefarbene Jacken tragen. »Fixiert seinen Kopf! Sofort runter in den Wagen und in die Neurologie. Stoppt unten die Blutungen am Kopf«, sagt sie. Dann fragt sie voller Sorge: »Wo sind die Mädchen?«

»Mit meiner Kollegin noch im Kinderzimmer. Unverletzt, haben nichts abbekommen. Hat alles dieser kleine Held auf sich genommen.«

Im Weggehen hört er noch die Ärztin etwas von »… schicke dir Jungen zehn Jahre …« und »… sofort auf den Tisch … vielleicht die Schädelbasis …« in ein Funkgerät sprechen.

Als man ihn aus der Wohnung trägt, kann er kurz einen wenn auch immer noch verschwommenen Blick ins Wohnzimmer erhaschen. Sein Vater liegt am Boden, die blutverschmierten Hände auf dem Rücken gefesselt. Auf ihm knien zwei Männer, beide in Polizeiuniform, und halten ihn fest. Über seiner Mutter sind weiß und orange gekleidete Menschen gebeugt. Sie wirken sehr hektisch. Einer dieser Menschen drückt auf der Brust seiner Mutter herum, von der er nur die blonden, blutgetränkten Haare erkennen kann.

Dann ruft einer: »Alle weg!«, beugt sich zu seiner Mutter herunter und hält ihr etwas an die Brust. Der Oberkörper seiner Mutter bäumt sich kurz auf. »Noch mal!«, ruft der Mann.

Es ist das letzte Mal, dass er seine Eltern sieht. Und seine Schwestern.

Der letzte Schultag vor den Sommerferien. Wie jeden Tag steigt er mit den anderen Heimkindern in den Schulbus. Seit zwei Monaten ist er hier. Wo »hier« ist, davon hat er keine Vorstellung. Bergig ist es, so ganz anders als die Gegend, in der er, seine Geschwister und seine Eltern gelebt haben. Seine neue Klassenlehrerin hatte ihm letzte Woche ein Buch gegeben und zu ihm gesagt, er solle es lesen. Er würde sie irgendwie an den Helden des Buches erinnern. Immer auf der Reise, nie irgendwo ankommend, stets anders als die anderen.

In anderthalb Jahren war das jetzt schon das sechste Kinderheim.

Erst war er im Krankenhaus. Ziemlich lange sogar. Obgleich er viele Wochen wegen der Verletzungen an seinem Rücken kaum schlafen konnte, er ein paarmal operiert wurde, sein Kopf kahl geschoren war, ging es ihm dort richtig gut. Ständig kam jemand zu ihm und den anderen Kindern und spielte mit ihnen. Einmal haben sie alle zusammen einen Ausflug zu einem Bauernhof und zu einem Schiffshebewerk gemacht. Und niemand, aber wirklich niemand schimpfte, war gemein zu ihm oder den anderen Kindern. Er hatte sich schnell daran gewöhnt, dass jeden Tag die dicke Krankenschwester an sein Bett kam, ihn fragte, wie es ihm ginge, ihn streichelte. Und wenn die dicke Krankenschwester Nachtdienst hatte, bekam er sogar einen Gutenachtkuss. Das war ihm zwar ein bisschen peinlich, aber egal. Er hatte noch nie zuvor in seinem Leben einen Gutenachtkuss bekommen.

Das Schönste und Beste war indes, dass er den ganzen Tag den Menschen um sich herum Fragen stellen konnte und die auch mit ihm redeten. Der junge Arzt, der ihm »CTs« von ihm selbst zeigte und haarklein erklärte, was der Chirurg da alles mit und in ihm machen würde, ihn einmal heimlich in eine solche CT-Untersuchung bei einem anderen Patienten hineinschmuggelte und er sich anschauen konnte, wie ein Herz arbeitet und wie es im Gehirn eines Menschen aussieht. Dann der Zivi, der bei der

Arbeit immer mit Kopfhörern im Ohr herumlief, ihn ab und an mithören ließ und ihm dann etwas über die Musik von Bach und Händel, von Beethoven und Bruckner, vom Unterschied zwischen Oper und Operette erzählte. Oder der Gärtner, der ihm erklärte, warum es eine »Scheißidee« gewesen sei, Essigbäume im Park zu pflanzen, und wie behutsam man mit seinen Rosen umgehen müsse.

Er saugte das alles auf wie ein Schwamm.

An einem Wochenende stand der junge Arzt plötzlich ohne seinen weißen Kittel in seinem Zimmer und sagte zu ihm, er solle mitkommen, er würde ihm gern etwas zeigen. Sie fuhren eine ganze Weile mit dem Auto, und der junge Arzt erzählte Andy, was man alles veranstalten muss, um Arzt zu werden. Bald schon wusste er, was Synapsen sind, wozu dieses Insulin gut ist, dass »dick« auf Medizinisch »adipös« heißt und vieles andere mehr. Er fragte dem jungen Arzt geradezu Löcher in den Bauch.

Auf einem Parkplatz hielten sie.

»Was wollen wir denn auf einem Friedhof?« Andy war verwundert.

»Komm mit, wir wollen jemanden besuchen«, sagte der junge Arzt und holte aus dem Kofferraum einen Strauß Blumen. Sie liefen eine lange Allee entlang. Es war für Andy das erste Mal, dass er auf einem Friedhof war. Links, rechts, wieder links … irgendwie gewann er den Eindruck, der junge Arzt wisse nicht so recht, wo er hinwollte. Dann blieb der junge Arzt unvermittelt stehen, drückte ihm den Strauß Blumen in die Hand und nickte in Richtung eines Grabsteins.

»Mama, das ist der Name von Mama!«

Andy drehte sich hektisch in alle Richtungen um, versuchte in kürzester Zeit, sämtliche Namen auf den umliegenden Grabsteinen zu lesen.

»Sind … sind … sind die beiden Kleinen auch hier?«

Der junge Arzt nahm ihn in den Arm: »Nein, du hast sie doch beschützt, denen geht es gut. Sie sind bei tollen Pflegeeltern. Du wirst sie sicher bald wiedersehen.«

Geweint hat er nicht, als er das Grab seiner Mama sah. Ein möglicherweise in ihm schlummerndes Gefühl von Trauer wurde von dem der Sehnsucht nach seinen beiden kleinen Schwestern überdeckt.

Eines Morgens kam der junge Arzt mit zwei fremden Männern in sein Zimmer im Krankenhaus. Der junge Arzt sagte zu ihm, er sei wieder gesund und die beiden Männer würden ihn abholen und in ein »schönes Kinderheim« bringen. Andy sprang aus dem Bett, stieß den jungen Arzt und die beiden Männer zur Seite und rannte in ein Untersuchungszimmer, das nur wenige Meter von seinem Zimmer entfernt war. Ums Verrecken wollte er hier nicht weg. Andy wusste genau, welche Schublade er öffnen musste. Er nahm ein Skalpell heraus und schnitt sich damit tief in den Unterarm. Zu einem zweiten Schnitt kam es nicht mehr, denn, obgleich Andy schon angesetzt hatte, stürzte der junge Arzt in das Behandlungszimmer, warf Andy zu Boden und schlug ihm das Skalpell aus der Hand.

Einige Zeit später lag Andy auf der Pritsche im Behandlungszimmer, und der junge Arzt nähte die klaffende Wunde. Andy verzog trotz des Schmerzes keine Miene. Nicht einmal der Anflug eines schmerzerfüllten Stöhnens.

»Das ist noch glimpflich ausgegangen. Du hättest eine Vene treffen können, so tief, wie du geschnitten hast. Dann wärst du in null Komma nichts verblutet. Mach nie wieder so einen Blödsinn, hörst du!«, sagte der junge Arzt.

»Sie reden Blödsinn«, sagte Andy trotzig und würdigte den jungen Arzt keines Blickes. »Weder die Vena cephalica noch die Vena basilica hätte ich mit dem Schnitt treffen können. Und was anderes ist da nicht. Ich bin doch nicht bescheuert.«

Der junge Arzt blickte auf und schaute Andy in die Augen.

»Nein, hättest du nicht. Beide Venen nicht, du kleines Genie.«

Es verschaffte ihm nur zwei Wochen Zeit.

Schlussendlich mussten ihn vier Männer aus dem Krankenhaus tragen, so sehr wehrte Andy sich.

Schade, dass heute der letzte Schultag ist, denkt Andy sich. Jetzt sieht er seine Klassenlehrerin sechs Wochen nicht. Er mag sie, sehr sogar, obwohl oder wahrscheinlich gerade weil sie nach der Schule ständig irgendwelche Tests mit ihm machte. Vielleicht frag ich sie nach noch ein paar Büchern für die Schulferien. Oder schon nach den Büchern für das neue Schuljahr. Er hat endlich wieder Lust auf Schule. Das letzte Klingeln des Schuljahres. Alle anderen Kinder stürmen aus dem Klassenraum.

»Andy, wartest du bitte noch einen Moment?«, ruft die Klassenlehrerin in den Tumult hinein.

Er bleibt stehen, wartet, bis alle anderen hinaus sind. Soll er sie jetzt fragen?

»Andy, ich hab da was für dich für die Ferien. Wenn du nicht weißt, was du machen sollst, oder für Tage mit schlechtem Wetter.« Sie bückt sich und holt einen Stapel Bücher hervor, vielleicht fünf oder sechs. Sie sind mit einer Schnur zusammengebunden.

»Viel Spaß«, sagt die Klassenlehrerin und lacht ihn an.

Er weiß gar nicht so recht, was er sagen soll. »Für mich?«

»Siehst du denn sonst noch jemanden hier?«, wieder strahlt die Klassenlehrerin ihn an.

»Ich, ich ... ich werd sie alle in den Ferien lesen und Ihnen nach den Ferien erzählen, welches das beste Buch war.«

»Hör mal, Andy, das wollte ich dir noch sagen. Ich werde nächstes Schuljahr nicht mehr hier sein. Ich ziehe in eine andere Stadt. Aber ich werde dir schreiben, versprochen.«

Wut steigt mit einem Mal in ihm hoch. Er greift nach dem Bündel Bücher und schleudert es in Richtung Fenster. Die große Fensterscheibe zerspringt mit einem ungeheuren Krachen, von draußen hört man Kinder schreien, die im Scherbenregen standen. Er stößt ihr den Tisch so vehement, mit so viel Kraft gegen den Bauch, dass sie nach hinten umfällt.

Er brüllt: »Steck dir deine Bücher sonst wo hin, du dreckige Schlampe.«

Noch Jahre später erzählte diese Klassenlehrerin, dass sie in diesem Moment, als sie in seine hasserfüllten Augen sah, Todesangst hatte. Am gleichen Abend musste er wieder mit allen seinen Sachen in ein Auto steigen. Das nächste Kinderheim wartete.

Klaus hatte Andy, der nun ein Mann von fünfundzwanzig Jahren war, im Stadtpark einer Kleinstadt im Nirgendwo der ländlichen Provinz kennengelernt. Andy war gerade aus dem Knast entlassen worden, wieder einmal, und in dieser Kleinstadt gestrandet. An einer kleinen Ecke des Stadtparks trafen sich schon ab dem Vormittag die Entwurzelten. Sie tranken, rauchten, tranken wieder, aßen bisweilen, tranken. Immer schlief irgendwer seinen Rausch auf der Wiese oder einer Parkbank aus, so lange, bis er weitertrinken konnte. Klaus hätte der Großvater des jungen Mannes sein können, er war an die siebzig, sah zumindest so aus. Klaus hatte im Vergleich zu den meisten anderen, die sich dort trafen, etwas, das sie nicht hatten, zumindest nicht in den Mengen. Nämlich Geld. Er bekam regelmäßig Rente, und das nicht zu knapp. Man erzählte sich, Klaus sei zu DDR-Zeiten einmal ein hohes Tier bei der Deutschen Reichsbahn gewesen. Aber ob das stimmte? Klaus jedenfalls hatte immer etwas zu trinken dabei oder half mit dem einen oder anderen Schein aus, wenn es galt, Nachschub zu organisieren. Aber er fühlte sich von den anderen mal mehr, mal weniger benutzt. Vielleicht kamen sich Andy und Klaus gerade deshalb menschlich näher, weil Andy an diesem Sommertag gleich zwei Flaschen Klaren im Gepäck hatte und später, ohne Klaus anzuschnorren, loszog und noch ein paar Flaschen kaufte. Und, was Andy für Klaus noch sympathischer machte, er brachte vom Einkaufen etwas für Klaus' Tochter mit. Barbara wurde von allen nur Babsi gerufen. Sie war gerade vierzig geworden, hatte aber das geistige Level eines fünf-, sechsjährigen Mädchens, sprach und benahm sich auch so. Andy hatte ihr ein kleines Plüschtier, einen Delphin, gekauft, mit dem sie jetzt zwischen all den betrunkenen Männern und Frauen spielte. Klaus und Andy kamen ins Gespräch. »Gerade aus dem Knast raus. Erst mal nur weg von da.« »Will nicht ins Obdachlosenheim.« »Nein, weiß noch nicht, wo ich heute penne. Wird sich schon was finden, hab ja das Knastgeld.« Usw. »Dann komm doch mit zu mir«, bot Klaus an. Und so torkelten sie am späten Abend nicht dem Sonnenuntergang, sondern Klaus' Haus entgegen. Andy bekam dort ein Zimmer, ein Bett und für seine wenigen Sachen einen Schrank. Ein Dach über dem Kopf.

Die Wochen und Monate gingen ins Land. An den Bäumen im Stadtpark hing bereits seit geraumer Zeit kein Laub mehr. Trotzdem traf man sich dort täglich. Wenn es regnete, zog man in den im Park stehenden Pavillon um, was von der Stadtverwaltung nicht gern gesehen wurde, aber was sollten die schon tun. Zwischen Andy und Klaus gab es ab und an mal Streit, doch meist nur von kurzer Dauer. Andys Umgang mit anderen Menschen war schwierig. Er legte sich irgendwie mit jedem an, er zog Streit magisch an, es kam zu Prügeleien, an denen Andy immer und immer wieder beteiligt, wenn nicht gar deren Initiator war. Die anderen redeten mittlerweile ständig auf Klaus ein, er solle diesen Kerl doch endlich rausschmeißen, dann habe man wieder Ruhe. Das tat Klaus aber nicht. Ihn ließ Andy in Ruhe. Und abends zu Hause, da war Klaus froh, dass Andy da war. Vor allem weil sich außer ihm noch jemand um Babsi kümmern konnte. Und das tat Andy, nannte sie ab und zu sogar »seine kleine Schwester«. Irgendwie war das Familie.

Es ist ein verdammt kalter Wintertag, als Klaus mittags nach Hause kommt. Er war vormittags beim Arzt. Als er um die Ecke biegt und am Tor zu seinem Grundstück steht, hört er es wimmern. Seine Tochter sitzt in einem Sommerkleid auf der steinernen, mit Schnee und Eis bedeckten Treppe und weint. Ihr Gesicht ist geschwollen, die Nase blutig, die Lippen aufgeschlagen. Blut tropft von ihrem Hinterkopf auf ihr dünnes Kleid. Es muss schon eine ganze Weile bluten, denn das Kleidchen ist bis zur Mitte des Rückens durchtränkt und dort zu Eis erstarrt. Babsis Beine und Arme sind blau gefroren. Klaus stürzt auf seine Tochter zu.

»Papa, der Andy mich geschlagen. Ich nur für ihn in Buch gemalt.«

Klaus schließt die Tür auf, bringt seine Tochter ins Haus und ruft den Notarzt an. In Andys Zimmer geht er nicht, er ist wütend, und er weiß, was geschehen kann, wenn man diesem jungen Mann wütend begegnet.

Am späten Abend ist er mit Babsi aus dem Krankenhaus zurück. Er sitzt mit ihr in der Küche, er vor einem Bier, seine Tochter mit einer Tasse Kakao. Andy kommt herein und hält ein aufgeschlagenes Buch in der Hand. Man kann auf diesen Seiten die Schrift kaum noch erkennen. Babsi hatte versucht, mit einem dicken schwarzen Filzstift die Illustrationen nachzumalen. Durch das gesamte Buch hindurch. Es ist das Buch, das ihm vor vielen Jahren besagte Klassenlehrerin geschenkt hatte.

»Schau dir an, was diese Schwachsinnige gemacht hat! Sie hatte eine Tracht Prügel verdient.«

Seine Sprache ist verwaschen. Zum Lallen fehlt nicht mehr viel. Während er spricht, geht er zum Küchentisch, nimmt sich eine Flasche Bier aus dem Kasten neben der Tür und setzt sich. Babsis Angst vor dem jungen Mann ist groß. Sie rückt ein Stück weg vom Küchentisch, geht auf Distanz.

»Alles okay, Kleines.« Klaus greift nach der Hand seiner Tochter. Seine Stimme ist ruhig, fast andächtig.

»Andy«, sagt er diesem ins Gesicht schauend. »Du musst gehen. Pack bitte morgen früh deine Sachen. Es tut mir leid, so etwas geht nicht.«

»Es tut dir leid? Es tut dir leid? Es tut dir leid, alter Mann?«

Die Lautstärke von Andys Stimme steigert sich von Wort zu Wort.

»Es tut dir leid?«, brüllt Andy Klaus an.

»Ja, tut es wirklich, Andy«, sagt Klaus wieder mit betont ruhiger Stimme.

»Dann tut's mir auch leid!«

Noch ehe Andy diesen Satz zu Ende gesprochen hat, packt er Klaus' Kopf mit der rechten Hand und schlägt ihn mit Wucht auf die Platte des Küchentischs. Dessen Stirn knallt gegen den Aschenbecher auf dem Tisch. Gleichzeitig zertrümmert er mit der linken Hand die Bierflasche auf Klaus' Kopf. Das Bier aus der Flasche schießt durch den ganzen Raum. Andy zieht Klaus' Kopf wieder hoch, noch mal, noch mal, noch mal schlägt er ihn mit voller Wucht auf den Küchentisch. Klaus wehrt sich nicht, er muss schon beim ersten Mal das Bewusstsein verloren haben. Babsi springt auf und versteckt sich im Zwischenraum zwischen Küchenschrank und Wand. Andy springt vom Stuhl auf und tritt mit dem Fuß gegen Klaus Oberkörper, sodass dieser samt Stuhl umkippt und nun regungslos auf dem Fußboden liegt. Mit Bauarbeiterschuhen an den Füßen tritt Andy mit voller Wucht zu. Gegen den Kopf. Immer und immer wieder. So heftig, dass dieser bestimmt 95-Kilo-Körper bei jedem Tritt ein Stück weiterrutscht. Klaus liegt auf dem Rücken, immer noch ohne jede Reaktion. Andy steigt auf einen Stuhl und springt. Er landet mit beiden Füßen auf Klaus' Gesicht, das zweite Mal auf seiner Brust, dann wieder im Gesicht, dann wieder auf der Brust. Zigmal geht das so. Bei jedem Sprung spritzt Blut durch die Küche. Babsi steht zitternd in der Ecke zwischen Küchenschrank und Wand. »Papa, Papa«, ruft sie weinend. Sie muss das alles hilflos mit ansehen. Wieder steigt Andy auf den Stuhl. Klaus' Gesicht ist als solches nicht mehr zu erkennen, nur noch eine breiige, blutige Masse. Dort, wo der Mund gewesen sein muss, bilden sich nach außen Luftblasen. Klaus röchelt noch. Andy springt, landet mit einem Fuß wieder im Gesicht, mit dem anderen auf dem Hals. Ein kurzes Knacken. Stille. Kein Röcheln mehr. Keine Luftbläschen. Andy bemerkt das nicht. Schier endlos tritt er auf Klaus ein. Er tötet nicht, er massakriert. Als Andy Klaus dann noch mit einem der Küchenstühle schlägt und ein Stuhlbein in Klaus' Bauch stecken bleibt, ist der schon lange tot.

Andys IQ, ermittelt von dem im Prozess tätigen forensisch-psychiatrischen Sachverständigen, beträgt 176 Punkte. Höher als der von Albert Einstein oder Stephan Hawking.

Er wurde wegen Totschlags zu einer Freiheitsstrafe von zwölf Jahren verurteilt.

Neben seiner Haftstrafe kam er zum Zwecke einer Therapie gegen seine Alkoholabhängigkeitserkrankung in ein psychiatrisches Krankenhaus, den sogenannten Maßregelvollzug. Es hatte viele Stunden an Gesprächen in diesen kargen Besucherzimmern verschiedener Haftanstalten gebraucht, bis ich ihm ein »Ja« zu dieser Therapie abzuringen vermochte. Und ich war sehr, sehr guten Mutes und voller Hoffnung, dass er es schaffen würde. Ich wollte, dass er es schafft. Wer, wenn nicht er?

Zwei Jahre später.

Alle sechs Monate findet im Maßregelvollzug eine Anhörung vor der Strafvollstreckungskammer des zuständigen Landgerichts über den Stand der Therapie statt. Dort wird entschieden, ob die Therapie fortgesetzt werden soll. Wenn nicht, geht es sofort in den normalen Strafvollzug. Als der nächste Anhörungstermin ansteht, fahre ich zur Vorbereitung desselben in das psychiatrische Krankenhaus, in dem Andy seine Therapie absolviert.

»Ich möchte bitte Herrn Andy Böttger sprechen. Ich bin angemeldet«, sage ich an der Wache.

Die Dame ruft auf der Station an, um mich an der Wache abholen zu lassen. Kurze Zeit später kommt ein Pfleger dieser Station auf mich zu.

»Guten Tag, Herr Bartel. Herr Böttger ist nicht mehr bei uns. Er hat die Therapie abgebrochen und ist in der letzten Woche in eine Justizvollzugsanstalt verlegt worden.«

Ich bin konsterniert.

»Herr Böttger bat mich, Ihnen zwei Briefe zu geben. In einem, das hat er mir gesagt, ist die Kündigung des Mandats. Den sollen Sie als Zweites bekommen. Was in dem anderen Brief steht, weiß ich nicht. Er ist noch als ›Verteidigerpost‹ bezeichnet. Den muss und soll ich Ihnen als Erstes geben. Bitte schön.«

Während ich den ersten Brief öffne, frage ich den Pfleger: »In welcher JVA ist er denn jetzt?«

»Das darf ich Ihnen nicht mehr sagen«, sagt der Pfleger und drückt mir den zweiten Brief in die Hand. »Sie sind nicht mehr sein Anwalt. Tut mir leid.«

Der Pfleger wünscht mir noch einen schönen Tag und lässt mich ohne weiteren Kommentar stehen.

Ich setze mich auf eine Bank im Park des Krankenhauses und öffne den Brief mit der Aufschrift »Verteidigerpost«. Schweres Büttenpapier, die Schrift ist von kalligrafischer Qualität. Keine Anrede, kein Wort der Verabschiedung. Nur das:

Machen Sie ein Lied daraus und denken Sie bisweilen an mich, so Sie es auf einem Ihrer Konzerte singen.

Wilder Rausch, stehst fahl hinter Glas,
es perlt herab die Lust.
Löst sich auf, trägt mich fort
in ein Niemandsland.

Seh dich, du lächelst leis'
über mich und meine Gier.
Gib sie zurück, die Nächte mir
in meinem Niemandsland

Hinfort, vorbei,
bleib hier und flieh
und flieh.

Atemlos die Ruhe selbst,
zerstörst, was nie war.
Wühlst mich auf, zerrst mich hin, wirfst mich fort
in deinem Niemandsland.

Der Tag weiß nichts von dir,
würd die Gier auch nicht versteh'n.
Lass mir den Zauber im Licht zu sein
in unsrem Niemandsland.

Hinfort, vorbei,
bleib hier und flieh
und flieh.

Und jetzt dreh ich mich um,
geh hin, woher ich kam.
In der Hand Erinnerung,
ein Schmetterling.

Hinfort, vorbei,
bleib hier und flieh
und flieh.

Er hat die Chance, seine Sterne neu zu ordnen, nicht genutzt. Seine Spur verlor sich für mich in den Haftanstalten dieses Landes.

PS: Seinen Wunsch, aus seinem Gedicht ein Lied zu machen, habe ich erfüllt. Ich habe es auf vielen Konzerten gespielt. Ob er es je gehört hat? Wer weiß …

EPILOG

Babsi ist mir einige Jahre später noch einmal auf sehr tragische Weise begegnet. Wenn auch nicht mehr von Angesicht zu Angesicht.

Nach dem Tod ihres Vaters lebte sie auf einem sehr abgelegenen Bauernhof. Wie sie dorthin gekommen ist, wurde nie aufgeklärt. Aber »lebte« ist das falsche Verb. Sie wurde dort mehrere Jahre als Sklavin gehalten. Nachts schlief sie am Hals angekettet im unbeheizten Stall. Tagsüber leistete sie Frondienste auf dem Hof. Essen musste sie das, was die Schweine bekamen.

An einem kalten Wintermorgen fanden die beiden Sklavenhalter Babsi bewusstlos im Stall und hielten sie für tot. Sie nahmen eine Schubkarre, warfen ihren scheinbar leblosen Körper hinein, fuhren an die nahen Bahngleise und legten ihn auf die Schienen. Es sollte wie ein Selbstmord aussehen.

Der Zugführer sah Babsi zu spät, um den Zug noch vor ihr zum Stehen zu bringen. Er sagte später aus, Babsi habe ihn angeschaut und dann die Augen geschlossen, bevor der Zug sie überrollte. In ihren Augen wäre keine Angst oder Verzweiflung gewesen, wie es seine Kollegen bisweilen erzählten, denen eine solche Situation schon widerfahren war. In ihren Augen stand so etwas wie Hoffnung auf Erlösung.

DER SCHARFSCHÜTZE DER FREMDENLEGION

Ein Angler geht am Ufer des Flusses entlang, der sich durch diese Stadt in vielen Nebenarmen schlängelt. Die umliegenden Hochhäuser werfen leise Schatten der noch nicht hoch am Himmel stehenden Sonne über den Fluss. Es herrscht rege Betriebsamkeit. Der morgendliche Berufsverkehr presst sich durch die vielspurigen Straßen, an den umliegenden Haltestellen der Busse und Straßenbahnen stehen noch reichlich müde dreinschauende Menschen. Kinder schlendern, hüpfen, hasten über die Bürgersteige in Richtung ihrer Schulen. Der Duft frisch gebackener Brötchen und heißen Kaffees durchzieht das Viertel. Ein Kiez genau in der Mitte der Stadt.

Der Angler wirkt, als fechte ihn das alles nicht an, als stehe er außerhalb jedes Systems. Er trägt einen dunkelgrünen knielangen Regenumhang und einen tief ins Gesicht gezogenen abgewetzten Lederhut. Eine geschwungene, vor sich hin dampfende Pfeife ragt aus seinem Mund. Über der Schulter hängt ein langes Futteral, in dem Angler für gewöhnlich ihre Ruten und Rollen aufbewahren, in seiner rechten Hand ein mit einem Deckel verschlossener Eimer, auf dem ein paar Rotfedern abgebildet sind. Die Schritte des Anglers sind langsam, ein Bein zieht er ein wenig nach, sein Rücken ist gebeugt. Ab und an bleibt er an der das Ufer vom Fußweg trennenden hüfthohen Brüstung stehen und schaut das mit Granitsteinen gemauerte Ufer hinunter aufs Wasser. Niemand nimmt in der morgendlichen Hektik der Großstadt Notiz von ihm. Warum auch, es ist nur ein Angler.

So bemerkt auch niemand der zahllosen Passanten, dass jetzt in regelmäßigen Abständen am Geländer dünne rote Streifen aus Stoff angebunden sind, deren Enden sich im Wind bewegen. Immer dort, wo der Angler einen Moment verweilte und auf den Fluss geschaut hatte.

Der Angler bleibt an einem großen, sehr dicht gewachsenen, fast schon verwilderten Gebüsch stehen. Kein schlechter Angelplatz, denn in der Gleichmäßigkeit eines eingemauerten Flusses ist jede Abweichung von der Eintönigkeit ein idealer Spot für Fische, erst recht, wenn wie hier die Pflanzen bis in den Fluss hineinreichen. Hätte ihm jemand zugeschaut, er hätte auf nichts anderes kommen können, als dass dieser Mann gerade seinen Angelplatz herrichtet. Er wirft ein paar Klumpen ins Wasser, die sich absinkend zu einem Kreis milchigen Breis verwandeln. Anfüttern. Nur dem Wasser scheint seine Aufmerksamkeit zu gelten, die übrige Umgebung scheint ihm völlig egal zu sein.

Doch dieses demonstrative Desinteresse ist nur Fassade. Akribisch beobachtet er seine Umgebung. Nichts entgeht ihm. Nicht das Müllfahrzeug, das am gegenüberliegenden Ufer seine Runde dreht und, was er genau weiß, elf Minuten dem Zeitplan hinterherhängt, nicht die alte Dame, die im zehnten Stock des Hochhauses in seinem Rücken ihren Wellensittich ins offene Fenster stellt, nicht der dunkelblaue Sportwagen, der heute das erste Mal in dieser Straße parkt, und auch nicht die blonde Frau, die wie jeden Morgen mit ihren zwei Kindern die Straße entlanghetzt, um noch den Bus zu bekommen. Kein vorbeifahrendes Auto, kein Fußgänger, keine Bewegung von irgendwas oder irgendwem bleibt von ihm unbemerkt.

Dann, von einem Moment auf den anderen, ist er verschwunden. Wie vom Erdboden verschluckt. Nebst all seiner Sachen. Nur die kleinen, im Wind wehenden Stoffbänder entlang des Geländers sind noch Beweis für seine Existenz.

Im Inneren des Gebüschs herrscht indes behutsame Betriebsamkeit. Der Angler beginnt einen Platz herzurichten, auf dem er langgestreckt liegen kann. Vorsichtig entfernt er einige Zweige. Es entsteht eine Öffnung, gerade groß genug, um freie Sicht auf den Fußweg entlang des Flusses zu haben. Die abgeschnittenen Zweige befestigt er an einer Tarnplane. Vorsichtig, jedes unnötige Geräusch vermeidend, öffnet der Angler den Reißverschluss des Futterals. Aber er holt keine Angel, sondern die Einzelteile einer Armbrust aus mattschwarzem Karbon hervor. Jedes glänzende Teil an ihr ist mit dunkelgrünem Stoff umwickelt. Behutsam setzt er sie zusammen. Zum Schluss montiert er ein langes Zielfernrohr. Er legt vier Bolzen mit gezahnten Spitzen neben sich, eine Trinkflasche und zwei Powerriegel. Nachdem er über seinen gesamten Körper eine mit den Zweigen aus dem Gebüsch versehene Netzplane gezogen hat, ist er meisterhaft getarnt. Selbst wenn jemand in das Gebüsch hineingeschaut hätte, niemand hätte ihn bemerkt.

Er schaut auf die Uhr. Neun Uhr morgens. Perfekt im Zeitplan.

Viele Stunden später.

Ein älterer Mann schlendert den Fußweg am Fluss entlang. Er geht Gassi mit seinem Zwergpinscher. Jeden Tag zwischen fünf und sechs Uhr nachmittags tut er das. Man könnte die Uhr danach stellen. Immer denselben Weg. Sein Ziel ist die Hundewiese im Park um die Ecke. Der Angler im Gebüsch bemerkt ihn sofort. Auf diesen alten Mann hat er gewartet. Der Angler schlägt die Tarnplane eine Winzigkeit zurück, nimmt die Armbrust in den Anschlag, visiert den Mann durch das Zielfernrohr an, identifiziert ihn als sein Ziel. Noch hat der alte Mann das erste der Stoffbändchen nicht erreicht. Der Angler weiß, etwa 300 Meter ist der ältere Mann noch entfernt. Der Angler setzt die Armbrust ab, spannt sie nahezu laut- und bewegungslos, legt den Bolzen ein, kontrolliert sodann jedes Detail seiner Waffe und nimmt sie abermals in Anschlag. Sorgfältig visiert er jedes der von ihm angebrachten Stoffbändchen an, beobachtet, ob und wie stark sich diese im Wind bewegen. Dann schwenkt er wieder auf den älteren Mann. Mit drei Klicks nach rechts justiert er sein Zielfernrohr nach. Als der ältere Mann am ersten Stofffähnchen ist, weiß der Angler, dass 250 Meter erreicht sind. Noch einmal kontrolliert er die Bewegungen jedes einzelnen Stoffbandes. Ein Klick zurück. Der ältere Mann ist jetzt am zweiten dieser Bänder. 186 Meter. Der Angler atmet drei-, viermal tief durch. Dann hält er den Atem an. Der Kopf des älteren Mannes füllt das Zielfernrohr fast vollständig aus. Ein Ziel, nur ein Ziel. Der Finger des Anglers am Abzug krümmt sich mit kaum wahrnehmbarer Bewegung. Er sucht dessen Druckpunkt. 183 Meter. Behutsam ausatmen. Dann noch ein letzter Atemzug. Sein Finger überwindet den Druckpunkt des Abzugs. Lautlos verlässt der Bolzen das Gebüsch. Der Tod kommt mit 119 Metern pro Sekunde.

»Agniezka, wach auf.« Er streichelt sanft über ihr Haar. »Agniezka, du musst aufstehen. Bitte! Schnell!«

Schlaftrunken öffnet sie die Augen.

»Pawel, was ist denn los? Es ist doch noch nicht einmal richtig hell.« Im Zwielicht des erwachenden Tages vermag sie gerade seine Umrisse zu erkennen.

»Ihr müsst weg. Ich habe für Marek schon ein paar Sachen gepackt. Fahr zu deiner Mutter.«

Sie hatte in all den Jahren schon viel mitgemacht. Erduldet, erlitten eher. Wochen und Monate voller Angst verbracht, nie wissend, wo man ihn wieder hingeschickt hatte. Und ob er von da zurückkommt. Lebend zurückkommt. Erst der Irak. Dann die Fremdenlegion. Fast war sie froh, als sie ihn nach seiner schweren Verwundung in einem Militärkrankenhaus in Frankreich besuchte und es hieß, er könne nicht mehr Soldat, nicht mehr Fremdenlegionär, nicht mehr Fallschirmjäger und Scharfschütze sein. Er wäre gern in Frankreich geblieben, aber das war ihr zu weit von ihrer Familie in Polen entfernt. Nach Polen wollte er auf keinen Fall zurück. Geeinigt hatten sie sich dann auf Berlin.

»Bitte, Myszka, beeil dich. Keine Zeit für Erklärungen. Nicht jetzt. Und lass das Licht aus. Kein Licht, hörst du!«

Vieles hatte sich in den letzten Monaten, seit sie in Berlin lebten, geändert. Er kam nur schwer mit dem Leben als Zivilist zurecht. Die Panzerfaust, die in seinem Fahrzeug eingeschlagen war, hatte nicht nur seinen Rücken arg in Mitleidenschaft gezogen, sie hatte seinen Lebenstraum zerstört. Seit er ein kleiner Junge war, wollte er Soldat werden und auch später nie etwas anderes sein. Jetzt war er Bauhelfer. Das, was er vierzehn Jahre lang gelernt, bis zur Perfektion trainiert hatte, es war nun komplett nutzlos. Das Zivilleben hat für Scharfschützen, mögen sie ihren Job auch noch so brillant beherrschen, keine Verwendung. Depressionen plagten ihn, Minderwertigkeitskomplexe, das bohrende Gefühl der Nutzlosigkeit. Sein Stolz war dahin, und gerade dieser Stolz war es, den sie an ihm immer so bewundert hatte. Als sie in Sorge um ihn vorschlug, professionelle Hilfe zu suchen, hatte er sie das erste Mal, seit sie sich kannten, angeschrien. »Ich soll zu einem Psychiater gehen? Was soll ich dem erzählen? Dass es mir fehlt, begraben unter Ästen, Moos, Gras und Dreck stunden-, ja tagelang an ein und demselben Fleck liegend zu warten, bis der perfekte Moment für den Schuss gekommen ist, der Sekundenbruchteile später einen Menschen umbringt? Dass es mir fehlt, zwar nicht zu sehen, aber irgendwie zu spüren, dass jemand mich im Fadenkreuz hat und es im nächsten Augenblick zu Ende sein kann? Dass mein Leben komplett im Arsch ist, weil ich außer Töten nichts kann? Ich will meine Uniform zurück und keine rosa Pillen.«

Eines war allerdings wie früher. Sie stellte keine Fragen. Es wäre sinnlos, sie bekäme keine Antwort. Als er noch Soldat war, hatte sie ihn anfangs ab und an mal gefragt, wo er denn abgeblieben war, hatte er sich viele Tage und Wochen, manchmal sogar Monate nicht gemeldet, nicht melden können. »Es war warm« oder »Es war kalt« – mehr hatte sie niemals erfahren.

So schält sie sich ohne ein Wort aus dem Bett, wäscht sich kurz und zieht sich an. Als sie aus dem Bad kommt, steht er mit dem kleinen Marek schon reisebereit im Flur.

»Komm, Mama«, flüstert der ihr zu. »Papa hat eine

Überraschung. Ich muss nicht in die Schule. Wir fahren zu Oma! Aber wir müssen uns rausschleichen, damit die Nachbarn nichts merken und nicht in der Schule anrufen.« Pawel nimmt ihren Kopf zwischen seine Hände und drückt ihr zärtlich einen Kuss auf die Stirn.

»Ich werde dir eine Nachricht zukommen lassen, es kann ein paar Tage dauern. Ich liebe dich, mein Herz. Geht durch den Keller mindestens bis zum übernächsten Hauseingang und erst dann raus auf die Straße. Die Verbindungstüren zwischen den Häusern habe ich aufgemacht. Versuch darauf zu achten, ob euch jemand folgt. Fahrt direkt zum Bahnhof und nehmt den nächsten Zug. Egal, wohin er fährt. Falls die Polizei euch aufhält, Myszka, nicht ein einziges Wort.«

Er öffnet die Wohnungstür und lauscht eine ganze Weile in die Stille des Treppenhauses. Dann winkt er sie heran und schaut ihnen noch bis zum nächsten Treppenabsatz nach. Lautlos schließt er die Wohnungstür.

Es ist fast hell. Kurz vor sechs Uhr morgens. Er geht in die Küche und schaut mit einem Zielfernrohr, seinem alten Zielfernrohr, die vier Stockwerke hinab auf die Straße. Die beiden dunklen Autos mit den teilweise von innen beschlagenen Scheiben stehen noch immer dort, wo sie schon gestern Nachmittag standen. Die ganze Woche hatte er die beiden schon gesehen, abwechselnd und stets mit Blickrichtung zum Eingang des Hauses, in dem er wohnte. Die gehörten nicht hierher, in diese Sackgasse am Stadtrand. Gestern Nachmittag sah er beide das erste Mal gleichzeitig in der Straße parken. Das alles galt ihm, dessen war er sich sicher. Vor fünf Tagen verhaftete die Polizei die zwei

Geschäftsführer der Firma, bei der er arbeitete. Sie sollen einen Mord in Auftrag gegeben haben. Und sie sollen gesagt haben, er sei derjenige, der den Auftrag angenommen und ausgeführt hätte. Der Polier hatte ihm das gesteckt. Als man diesen als Zeugen auf dem Präsidium befragte, hatte der das irgendwie aufgeschnappt.

Er schwenkt das Zielfernrohr die Straße entlang, Auto für Auto, Fenster für Fenster, Tür für Tür. Bis zum Ende der Straße. Ein schwarzer Mercedes Sprinter fällt ihm auf, abgedunkelte Scheiben. Er hält kurz inne.

»Amateure. Wofür haltet ihr mich?«, murmelt er vor sich hin. Im Schaufenster des Bäckers, vor dem der Mercedes steht, spiegeln sich mehrere Personen in der typischen Kleidung eines Sondereinsatzkommandos der Polizei.

»Na dann, lasst uns mal tanzen, meine Freunde.« Jetzt muss es schnell gehen. Er geht in den Flur, schiebt den langen Läufer zur Seite und hebt die Dielenbretter an. Es braucht ein wenig Kraft, denn die Bretter hängen an starken Magneten. Ein Hohlraum wird sichtbar, gerade groß genug, um einer Person Platz zu bieten. Er prüft die darin liegende Atemmaske und die Sauerstoffflasche. Alles bereit. Aus dem Küchenschrank holt er noch seinen Pass, beide Pässe. Die sollen der Polizei nicht in die Hände fallen. Dann legt er sich in den schmalen Spalt unter dem Fußboden, setzt sich eine Schutzbrille auf, zieht die Atemmaske über Nase und Mund und dreht den Sauerstoff auf, schließt den Fußboden mit den Dielenbrettern. Zum Schluss bugsiert er den Läufer mittels eines dünnen Drahtes wieder über die Dielen. Stille. Absolute Stille.

Diese währt nicht lang. Nur wenige Minuten später vernimmt er leises Getuschel vor der Wohnungstür. Und das metallene Klicken, wenn Waffen durchgeladen und entsichert werden.

»Na, wenigstens sind sie nicht wie eine Herde Elefanten durchs Treppenhaus marschiert«, denkt er sich.

Dann splittert Holz, die Wohnungstür fliegt krachend aus der Zarge. Acht, vielleicht neun Mann trampeln, stürmen über ihn hinweg.

Schreien, Brüllen. »Polizei, bleiben Sie, wo Sie sind!« »Auf den Boden! Auf den Boden!« Dann nacheinander: »Küche klar«, »Wohnzimmer klar«, »Schlafzimmer klar«, »Kinderzimmer klar«. Nach dreißig Sekunden ist der Spuk vorbei.

Einer der Polizeibeamten ruft den Einsatzleiter über Funk. »Die Wohnung ist leer. Hier ist niemand ... Nein, gar niemand. Auch nicht die Frau und das Kind ... Ja, wir haben auch in den Schränken nachgeschaut ... Da müssen Sie die fragen, die das Objekt observiert haben. Wir waren nur für den Zugriff verantwortlich.«

Den ganzen Tag laufen Polizisten über ihn hinweg. Nach dem SEK kommen andere, die seine Wohnung durchsuchen, in jede Schublade schauen, jeden Schrank. Irgendwann kommt wohl auch ein Tischler, der eine neue Eingangstür einbaut. Pawel liegt langgestreckt und starr unter den Dielen. Es gibt Momente, da schmerzen sein Rücken und seine Beine so sehr, dass er freiwillig in jedes Gefängnis gehen würde, nur um diesem Martyrium aus Krämpfen, eingeschlafenen Beinen und quälendem Durst zu entkommen. Mit aller Willenskraft unterdrückt er jedoch den Drang nach jeglicher Bewegung.

Erst als die Wohnung wieder in Dunkelheit gehüllt ist, kein Photon mehr durch die Spalten zwischen den Dielenbrettern dringt, beginnt er, sich aus der selbst gewählten Gefangenschaft zu befreien. Ganz vorsichtig schiebt er den Läufer zur Seite, versucht eines Schattens oder eines anderen Hinweises darauf gewahr zu werden, dass vielleicht doch noch jemand in der Wohnung ist. Dann löst er die Dielenbretter, steigt heraus und rollt durch die offene Tür in die Küche. Nichts. Kein Laut, keine Bewegung in der Wohnung. Gut.

Er kriecht ins Wohnzimmer, geht in die Hocke und schaut aus dem Fenster. Kein ihm unbekanntes Fahrzeug auszumachen. Sie sind weg!

Der Flieger landet pünktlich. Ich schaue ungläubig auf die Uhr. Nur etwas mehr als acht Stunden hatte es gebraucht, um mich von Berlin via London nach Delhi zu bringen. »Da ist man nach Stuttgart länger unterwegs«, denke ich mir.

Als ich aus dem auf Kühlschranktemperatur heruntergekühlten Terminal heraustrete, empfängt mich eine Wand trockener, heißer Luft. Eine riesige Leuchtreklame strahlt mir entgegen. »Welcome to India.« Darunter: »34°, 08:16 a. m.«

Eigentlich müsste ich hundemüde sein. Zu Hause ist es mitten in der Nacht, sechseinhalb Stunden Zeitunterschied. Im Flieger hatte ich keine Sekunde geschlafen, ich war einfach zu aufgeregt.

Nach Polen, nach Russland, nach Den Haag, nach Tschechien und Kroatien, ja sogar bis nach Bolivien hatte es mich als Anwalt schon verschlagen. Aber Indien! Indien, das war eine ganz, ganz andere Dimension. Quasi ans andere Ende der Welt, gefühlt zumindest.

Ich blinzele in die Morgensonne, halte die Nase in den Wind. Da ist er. Der Duft von exotischen Gewürzen. Von Curry, Kardamom, geröstetem Sesam, Kreuzkümmel und anderen fremdartigen, mir unbekannten, indes ganz und gar betörenden Gerüchen. Ich habe keine Ahnung, wo er herkommt, denn nirgends ist ein Imbissstand, eine Küche oder ein Restaurant zu sehen. Er liegt grundlos in der Luft. Verzaubert mich. Umgarnt meine Sinne. Gleich wird sich ein leichter Windhauch erheben, und Shah Rukh Khan kommt mit einer indischen Schönheit im Arm tanzend um die Ecke.

Ich suche nach einem Taxi, das mich zur Botschaft bringt. Gefahren werde ich von einem Studenten, der Englisch spricht. Zumindest hat das, was er sagt, einige Ähnlichkeiten mit dieser Sprache. Mir wird in diesem Taxi das erste Mal klar, wie sich ein leidlich deutsch sprechender Ausländer fühlen muss, käme er in meine alte Heimat, das Erzgebirge.

Wir biegen ab, verlassen die riesige Hauptstraße, die irgendwo im Zentrum von Neu-Delhi endet. Nach einiger Zeit auf der immer noch vierspurigen Nebenstraße wird der Verkehr merklich ruhiger. Eine Gegend mit prächtigen Villen. Nebst riesigen, parkgleichen Grundstücken.

Unvermittelt bleibt das Taxi stehen. »The Embassy of Poland«, steht auf dem Schild am Eingangstor. Ich bedanke mich bei meinem Fahrer und drücke ihm hundert Rupien Trinkgeld in die Hand. Nur im Augenwinkel registriere ich sein verärgertes Gesicht. Erst viel später wird mir peinlich bewusst, dass ich ihm nur ein paar Cent gab.

Ich klingle. Da ich in der prallen Sonne stehe, habe ich schon nach wenigen Sekunden das Gefühl, gleich wie ein Wasserkocher zu pfeifen.

Man bittet mich herein. Ein sehr, sehr freundlicher Empfang durch den Konsul und zwei seiner Mitarbeiter. Wir reden über meine Anreise. Der Bericht über meine ersten, nicht einmal eine Stunde alten Eindrücke und Erlebnisse wird begleitet von Schmunzeln und freundlichem, übers ganze Gesicht reichendem Grinsen.

Dann geht es um den Fall. Um meinen Mandanten. Er soll im Auftrag zweier Geschäftsmänner deren Konkurrenten umgebracht haben, war, als die Polizei ihn suchte, nach Goa geflohen, wo Zielfahnder des Bundeskriminalamtes ihn aufspürten. Er wurde verhaftet und soll nun an die Bundesrepublik ausgeliefert werden. Ich erfahre, dass er vor einer Woche ins Tihar-Gefängnis von Delhi verlegt worden ist und ich nicht wie geplant nach Goa weiterreisen müsste, um mit ihm zu sprechen. Bedauerlich, ich hatte mich schon auf den Indischen Ozean und vor allem auf den vielleicht noch nicht ganz verblassten Charme der Hippiezeit gefreut.

»Morgen ist der erste Anhörungstermin im Auslieferungsverfahren. Trifft sich gut, dass Sie gerade heute gekommen sind«, sagt der Konsul. »Warschau prüft übrigens, ob Polen einen eigenen Auslieferungsantrag stellt. Er ist ja schließlich unser Staatsbürger und ein hochdekorierter Offizier der polnischen Armee.«

»Käme ein solcher Antrag nicht zu spät, wenn morgen schon der Gerichtstermin ist?«, frage ich.

»Keinesfalls. Ihr Mandant hat dem vereinfachten Auslieferungsverfahren nicht zugestimmt. Also geht es durch das ganz normale Verfahren. Das kann dauern – Monate. Eher Jahre. Die Gerichte arbeiten hier sehr, sehr langsam.«

Bei mir beginnt es zu rattern. Womit wäre der Mandant wohl besser dran? Mit einem Gericht in seinem Heimatland oder einem deutschen.

»Wie ist das in Ihrem Land mit der Anrechnung von Haft im Ausland?«, will ich vom Konsul wissen.

»Ich bin kein Jurist«, sagt er, »bin mir aber sicher, dass die Haft hier in Polen angerechnet wird.«

»Und in welchem Umfang?«

»Vollständig, denke ich mir«, erwidert der Konsul.

»In Deutschland gibt es eine weiter reichende Um- und Anrechnung, denn die Haftbedingungen in Indien sind mit denen in Deutschland ja nicht zu vergleichen.«

Der Konsul lacht kurz auf. »Nicht zu vergleichen ist schon fast zynisch. Selbst unsere Gefängnisse sind gegenüber den Verhältnissen im Tihar die reinsten Luxushotels.«

»Kann ich mir bildhaft vorstellen. Würde er in Deutschland verurteilt werden, dann enthielte das Urteil neben der Strafe auch eine Entscheidung zur Anrechnung der indischen Haft. Ein Tag hier entspricht drei Tagen Haft in Deutschland. Nähmen wir also an, er bekäme in Deutschland fünfzehn Jahre und wir zögen das Auslieferungsverfahren fünf Jahre in die Länge, dann wäre er in Deutschland trotz Urteil ein freier Mann.«

Der Konsul schaut mich ungläubig an.

»Ist nur so ein Gedankenspiel«, sage ich. »Wie ist das Auslieferungsverfahren hier ausgestaltet? Ich habe da wenig finden können. Und wie läuft so ein Termin bei einem indischen Gericht ab?«

»Was den Ablauf angeht, der unterscheidet sich nicht wesentlich von einem Ihnen und mir bekannten Gerichtsverfahren. Zumindest ist mir nichts Gegenteiliges bekannt. Den Richter interessieren nur zwei Dinge. Ist das, was man Ihrem Mandanten vorwirft, in Indien strafbar? Hier geht es um Mord, das ist überall auf der Welt ein Verbrechen. Als Zweites: Ergibt sich aus den von Deutschland benannten Beweisen ein Verdacht gegen Ihren Mandanten? Der Richter prüft die aber nicht. Er befragt keine Zeugen oder Sachverständigen. Er nimmt das, was er aus Deutschland bekommen hat, und fragt sich, ob er nach seinem Rechtsverständnis auch einen Haftbefehl erlassen hätte. Wenn ja, befürwortet er die Auslieferung.«

»Das ist wie im deutschen Auslieferungsrecht. Hat er einen hiesigen Anwalt? Wenn ja, sollte ich mit ihm vorher sprechen.«

»Das Gericht hat ihm bestimmt einen Anwalt bestellt, den kennen wir noch nicht. Erwarten Sie nicht allzu viel. Für gewöhnlich engagieren sich die Anwälte in diesen Fällen nicht sonderlich, eigentlich eher gar nicht. Da ist nichts zu verdienen. Und Reputation springt dabei auch nicht heraus.«

»Der Richter wird morgen also noch keine Entscheidung über die Auslieferung treffen?«

»Nein, wird er nicht. Er ordnet die Auslieferung letzten Endes auch nicht an. Wenn ich unseren Rechtsberater richtig verstanden habe, entscheidet das Gericht nur über eine Empfehlung – Auslieferung oder eben nicht. Gegen diese Empfehlung kann der Betroffene Beschwerde einlegen. Ist die Entscheidung des Gerichts über den Auslieferungsantrag irgendwann rechtskräftig, geht diese an das Justizministerium, und das entscheidet dann rechtsverbindlich über eine Auslieferung. Ob man dagegen auch wieder vorgehen kann, das vermag ich im Moment nicht zu sagen. Morgen ist nur zum Warmwerden. Sozusagen.«

Ich bin in Gedanken. Das Verfahren ziehen, solange es geht? Aus einem Tag Haft drei machen? Hängt sicher davon ab, wie die Bedingungen im Gefängnis für den Mandanten sind. Was nützt eine verkürzte Haftzeit, wenn er mit Malaria, Denguefieber oder Cholera zurückkommt?

Meine Gedankenspiele werden unterbrochen.

»Der Termin ist um zehn Uhr vormittags, wir holen Sie um neun Uhr an Ihrem Hotel ab und fahren dann gemeinsam zum Gericht. Stichwort Hotel. Sie haben ja hier in Delhi nichts gebucht. Ich lasse das gleich für Sie erledigen. Haben Sie irgendwelche besonderen Wünsche?«

»Klimaanlage wäre nicht schlecht«, sage ich, da mir mehr wahrlich nicht einfällt.

»Junger Mann, das hier ist Indien und nicht der Sudan.« Er gibt seiner Sekretärin ein Zeichen und sagt etwas zu ihr. Dann verlässt sie den Raum.

In der Sache selbst hat der Konsul auch nicht mehr Informationen als ich. Nur das, was im Haftbefehl des Amtsgerichts stand, und das, was die deutschen Behörden im Auslieferungsantrag geschrieben hatten. Gesprochen hatte er mit meinem Mandanten nur ein einziges Mal am Telefon. Dabei ging es allerdings um dessen Bitte, die Familie in Polen zu informieren.

Ich packe meine Akten wieder zusammen.

»Wo kann ich denn am besten ein Auto mieten? Im

Hotel?«, frage ich den Konsul. »Wenn ich jetzt unerwarteterweise den ganzen Tag freihabe, würde ich mir gern ein paar Sehenswürdigkeiten anschauen.«

Ich blicke hoch und schaue in entsetzte Gesichter. Totenstille. Plötzlich prusten alle drei los und schlagen sich vor Lachen auf die Schenkel.

»Junger Mann, nur ein dem Wahnsinn komplett verfallener Ausländer fährt in Delhi selbst Auto! Wir haben da schon etwas organisiert.«

Der Konsul nimmt den Telefonhörer in die Hand, und kurze Zeit später steht ein Einheimischer im Zimmer.

»Bitte schön. Ihr Fahrer und Bodyguard!«, sagt der Konsul und zeigt auf den jungen Mann. »Er steht Ihnen nebst Auto rund um die Uhr zur Verfügung. Sein Name ist Khanna.«

»Bodyguard?«, frage ich. »Braucht man das in Delhi?«

»Eigentlich nicht. Aber man weiß nie. Wir wollen ja nicht, dass Sie uns verloren gehen.«

Ich nehme das nicht sonderlich ernst, mustere ihn. Vollbart und roter Turban. Offenbar ein Sikh. Er reicht mir gerade mal bis zur Schulter. Der und Bodyguard?

Der Konsul errät meine Gedanken.

»Täuschen Sie sich nicht. Er war wie Ihr Mandant Elitesoldat. Und zwar bei der Elite der Elite.«

Dann schaut er auf die Uhr.

»Gleich elf. Ich bin zum Lunch mit einem indischen Geschäftsmann verabredet. Die besten amerikanischen Steaks in Delhi. Haben Sie vielleicht Lust, mich zu begleiten?«

Die Tür geht auf, und die Sekretärin kommt zurück. Sie reicht dem Konsul einen kleinen Zettel.

»Ah, Ihr Hotel. Und? Kommen Sie mit? Seien Sie mein Gast. Ihr Gepäck lasse ich ins Hotel bringen.«

Ich lehne dankend ab und bin mir nicht sicher, ob ich ihn damit vor den Kopf stoße. Letzteres möchte ich auf keinen Fall. Aber wenn ich nun mal in Indien bin, habe ich Lust auf Indien pur und nicht auf amerikanische Steaks. Wieso eigentlich Steaks? Sind Rinder in Indien nicht heilige Tiere? Wie dem auch sei. Ich will »auf die Piste«, rein ins indische Leben oder zumindest das, was ich mir darunter vorstelle. Ich verabschiede mich mit aller Höflichkeit und bin sehr erleichtert, dass der Konsul meine Absage nicht als Affront wertet.

»Seien Sie bitte vorsichtig da draußen. Trinken Sie viel. Es ist kurz vor dem Monsun, und die Temperaturen sind gerade selbst für indische Verhältnisse außergewöhnlich hoch.«

»Das habe ich heute Morgen schon bemerkt«, erwidere ich.

»Heute Morgen?«, ein kurzes Auflachen. »Da war es eiskalt.« Er schaut aus dem Fenster. »Warten Sie einen kleinen Moment, bis Sie wieder draußen sind. Dann wissen Sie, was ich meine.«

Er hat Recht. Das Thermometer im Wagen meines Bodyguards zeigt jetzt 47 Grad. Im Schatten.

»Ins Hotel, Sir?«, das Englisch meines Bodyguards ist nach meinem Dafürhalten fast akzentfrei. Er hat mein Gepäck schon im Auto verstaut und hält mir die Tür auf, natürlich die hinten rechts. Ich komme mir reichlich überbewertet vor, andererseits irgendwie wahnsinnig wichtig. Ja, ich gestehe, es streichelt mein Ego.

Wir fahren los, und es wird eine kleine Stadtrundfahrt. Er zeigt mir das Parlamentsgebäude und den Supreme Court of India, das höchste Gericht Indiens. Den Kreisverkehr rund um das gigantische India Gate fährt er gleich drei- oder viermal.

»Hier ist es jeden Abend wie ein kleines Volksfest. Wenn Sie wollen, fahren wir heute Abend wieder her«, schlägt er mir vor.

Ich nicke, bleibe aber stumm. Die Eindrücke sind einfach zu überwältigend. In positiver wie negativer Hinsicht.

Neu-Delhi ist eine nach britischem Gusto auf dem Reißbrett entworfene Stadt. Breite, sehr breite Straßen. Prächtige Gebäude im Kolonialstil allerorten. Und ungemein grün. Auf meiner Fahrt vermag ich Verfallendes nicht zu entdecken. Die unterschiedlichsten Farben fangen einen an jeder Straßenecke ein, an den Häusern, den Straßenrändern und vor allem an den Menschen. Und sei es auch nur der farbige Punkt, der die Stirn vieler Menschen ziert.

Versteckt hinter all dieser Pracht schreit einen aber auch das blanke Elend an. Ein Mann liegt leblos im Bordstein, vielleicht fünfzig Zentimeter bis zur Fahrbahn. Nur seine Kleidung bewegt sich im Fahrtwind der vorbeiziehenden Autos, Busse und Lastwagen. Er ist nicht zu übersehen. Von keinem. Und doch fahren alle an ihm vorbei. Niemand nimmt sich seiner an. Auch die Fußgänger am Straßenrand nehmen keine Notiz von ihm.

Khanna schaut in den Rückspiegel. Unsere Blicke treffen sich.

»Sorry«, sagt mein Bodyguard. »Auch das ist Indien.«

Versteckt hinter die Sicht versperrenden, bunt blühenden Hecken entdecke ich zwischen Bäumen gespannte Zeltbahnen, aus deren Mitte der Rauch eines Feuers aufsteigt. In Lumpen gekleidete Kinder spielen barfuß am Straßenrand. Der Sari der am Feuer hockenden Frau war sicher irgendwann einmal strahlend rot. Jetzt mutet es so an, als ob sich diese Frau in einen alten Putzlappen gehüllt hätte.

Ich verfalle ins Grübeln. Und kämpfe dagegen an. Nein, sage ich mir, dieser Tag ist nicht der Tag, um über Ungerechtigkeit, Armut und Elend nachzudenken. Geschweige denn mit Khanna darüber zu sprechen. Ja, es ist oberflächlich. Verdammt oberflächlich sogar. Aber für mich ist es der Tag, Indien zu entdecken, die Zeit, die Faszination der Fremde zu genießen, auf Marco Polos Spuren zu wandeln. Und doch lassen mich die Bilder dieses Mannes am Bordstein und die der Kinder nicht los. Wir fahren endlos durch diese riesige Stadt. Ich nehme alles mit: riesige prächtige Tempel, in einem Kreisverkehr schlafende Kühe, mit einem kleinen Tuk-Tuk durch die engen Gassen von Old Delhi.

Als Khanna mich im Hotel absetzt, dämmert es bereits. Es braucht eine Weile, ihn davon zu überzeugen, dass ich heute seiner Hilfe und seines Schutzes nicht mehr bedürfe, er nach Hause fahren könne und nicht die ganze Nacht vor dem Hotel kampieren müsse. Er lässt mich schwören, dass ich das Hotel an diesem Abend nicht mehr verlasse.

Keine dreißig Minuten später breche ich den Schwur und schleiche mich aus dem Hotel, nicht ohne in der Lobby zehn Minuten Ausschau gehalten zu haben, ob Khanna mir nicht doch noch irgendwo »auflauert«. Tut er nicht. Ich schnappe mir ein Tuk-Tuk, eins dieser dreirädrigen Mopeds, und lasse mich zum India Gate bringen.

Erst weit nach Mitternacht kehre ich zurück. Überglücklich, vor noch nicht verarbeiteten Eindrücken überlaufend. Allerdings ist mein Geschmackssinn flöten gegangen. Der Schärfe des Essens an den Straßenküchen war ich nicht gewachsen. Als ich das Hotel betrete, zeigt das Thermometer in der Lobby noch 38 Grad.

Am nächsten Morgen steht Khanna pünktlich vor dem Hotel. Auf zum Gericht.

»Zu welchem Gericht fahren wir?«, frage ich Khanna.

»Das ist ein District Court. Das niedrigste Gericht. Wir treffen den Konsul und seine Mitarbeiterin dort.«

Khanna ist ausgesprochen einsilbig. Keine Erklärungen zu Bauwerken, an denen wir vorbeifahren, keine Geschichten über Land und Leute, über Bräuche, über was auch immer. Das ganze Gegenteil von gestern.

Allerdings wird mir dieser Unterschied in seinem Verhalten nicht recht bewusst. Ich sitze wieder in besagter S-Klasse, schaue aus dem Fenster und hänge meinen Gedanken nach.

Es ist eine Fahrt von etwa vierzig Minuten. Der Konsul, in Begleitung von zwei Mitarbeitern, erwartet mich schon.

Als ich aus dem Auto aussteige, verabschiedet sich Khanna mit den Worten: »Essen Sie hier nichts an den Ständen. Das vertragen Europäer nicht. Gestern Abend hatten Sie Glück.«

»Okay«, denke ich mir, »daher pfeift also der Fuchs.«

»Ich wollte, dass Sie abends zu Hause bei der Familie sind. Ich wollte Sie nicht beleidigen oder zum Ausdruck bringen, dass ich Sie etwa nicht mag«, sage ich zu ihm.

»Es ist mein Job! Delhi ist nicht so sicher, wie Sie denken.«

Ich bin ganz und gar nicht sicher, ob er mein »Es tut mir leid« als Entschuldigung wirklich akzeptiert. Er ist halt ein stolzer Sikh.

Wir – der Konsul, seine Mitarbeiterin und ich – stehen vor dem Eingangstor eines offenbar ehemaligen Fabrikgrundstücks, in dessen Mitte eine große Gründerzeitvilla. Außerhalb des Gerichtsgrundstücks, man müsste allerdings ob der Größe desselben schon Gerichtsgelände sagen, sitzen Männer unter Bäumen an Campingtischen, umringt von auf sie einredenden Menschen, und tippen auf Schreibmaschinen herum. Manchmal ist über diese Männer eine Plane zwischen den Bäumen gespannt. Dann gibt es noch lange, wellblechbedeckte Unterstände. Unter denen stehen dicht an dicht Schreibtische. Noch mehr Menschen um diese herum.

»Wer oder was ist das?«, frage ich den Konsul.

»Das sind Notare, die alle möglichen Urkunden ausstellen und/oder beglaubigen. Sie können sich sicher vorstellen, was solche Urkunden wert sind, wenn diese beispielsweise für ein Visum bei uns in der Botschaft vorgelegt werden.«

Wir gehen durch das schmiedeeiserne Eingangstor in den Innenhof. Im Gegensatz zum sonstigen Antlitz Neu-Delhis ist das hier heruntergekommen. Eigentlich abrissreif.

»Zu den Gerichtssälen geht es hier entlang«, weist mir der Konsul den Weg. »Es ist noch ein Stück.«

Als wir weitergehen, kommen uns Hand in Hand gehende Männer entgegen, mal einer davon in Uniform, dann wieder beide in Zivil. Es sind auch Männer zu entdecken, die zu dritt Händchen haltend schlendern. Ich drehe mich um in Richtung Innenhof und bemerke auch dort einige Pärchen. Mir schießt der Gedanke durch den Kopf, dass ein Gericht ein ausgesprochen seltsamer Treffpunkt für die Schwulencommunity ist und ich über das Verhältnis des Hinduismus zur Homosexualität rein gar nichts weiß. Vielleicht, so sage ich mir, werden die hier verfolgt, und auf dem Gelände eines Gerichts gibt es sowas wie Kirchenasyl.

Dann stehen wir vor einer Art Werkhalle. Der Eingang ist seitlich an der linken Stirnwand. Schon vor der Tür ist lautes Stimmengewirr zu hören. Wie auch in Deutschland gibt es am Eingang einen Aushang mit den in diesem Saal stattfindenden Terminen. Ich schaue auf das hinter vergittertem Glas befindliche Blatt und entdecke den Namen meines Mandanten – Pawel Murawski. In diesem Moment spricht mich ein Mann in perfektem Deutsch an. Ich drehe mich um. Die »Delegation« der deutschen Botschaft, angeführt vom Verbindungsbeamten des Bundeskriminalamts mit Namen Loeb.

»Bartel, Rechtsanwalt, Potsdam. Ich bin der deutsche Verteidiger von Herrn Murawski«, stelle ich mich vor und reiche Herrn Loeb die Hand.

»Weiß ich, Ihr Ruf eilt Ihnen bis nach Indien voraus.«

Der kann so schlecht nicht sein, sonst begegnete er mir nicht so aufgeschlossen, nicht so freundlich, denke ich mir.

»Wie haben Sie es denn geschafft, so schnell noch einen Flug zu bekommen? Dass heute der Termin ist, wissen wir doch alle erst seit vorgestern Abend.«

»Ich wusste das gar nicht«, antworte ich, »hatte sogar noch einen Flug nach Goa gebucht, glaubte, er sei noch dort. Vom Termin heute erfuhr ich erst vom polnischen Konsul. Ein sehr effektiver Zufall.«

»Wie das heute hier abläuft, wissen Sie?«, fragt mich Herr Loeb.

»In groben Zügen. Ich bin ja in erster Linie hier, um mit meinem Mandanten zu sprechen und dann zu schauen, ob ich danach in Deutschland etwas bewegen kann. Kennen Sie seinen hiesigen Anwalt? Mit dem würde ich mich sehr gern abstimmen.«

»Nein, kennen wir nicht. Es wird aber einer da sein. Erwarten Sie nicht zu viel von dieser Abstimmung mit dem Anwalt. Es sei denn, Ihr Mandant ist sehr vermögend. Aber selbst dann. Anwälte und Richter stehen hier auf der untersten Stufe in der Hierarchie der Juristen. Vom Ansehen her und vor allem im Verdienst. Nur wer in der Wirtschaft keinen Job bekommt, geht in den Justizdienst. Die Anwälte, die es hier gibt, bis auf ganz, ganz wenige Ausnahmen, die haben sie schon gesehen, als sie hierherkamen. Unter den Bäumen und Verschlägen vorn am Eingang.«

»Der Konsul sagte mir, das wären Notare.«

»Auch, Herr Bartel, auch.«

Ich schaue auf die Uhr. Gleich müsste der Termin beginnen.

Mein Wissen über Pawel Murawski und die ihm vorgeworfene Tat besteht aus Fragmenten, aus denen sich ein Bild nur schwerlich zusammensetzen lässt. Leutnant bei der Armee, Fallschirmjäger, Scharfschütze, Einsatz im Irakkrieg, französische Fremdenlegion, im Kampfeinsatz verwundet, aus gesundheitlichen Gründen ausgeschieden, danach Bauhelfer. Für zehntausend Euro soll er einen Konkurrenten seiner Chefs getötet haben. Mit einer Armbrust aus 183 Metern Entfernung. Der Schuss eines absoluten Profis.

Beim Betreten der Industriehalle verschlägt es mir die Sprache. In mehrfacher Hinsicht. Draußen sind schon wieder knapp über 40 Grad, in der Halle dürfte das Thermometer die 50 überschritten haben. Die Luft steht, man kann sie in Scheiben schneiden. Ich bin an der linken Stirnseite und schaue nach rechts. An den Seitenwänden stehen vereinzelt alte Büroschränke, die der darauf lagernden Staubschicht nach schon Jahre nicht mehr geöffnet worden waren. Der grau gestrichene Betonboden hat bestimmt ebenso lange keinen Besen mehr gesehen. Von der Decke hängen in Abständen von vielleicht vier Metern in zwei Reihen Ventilatoren. Ein paar bewegen sich, der überwiegende Teil jedoch steht still. Das Dach der Halle ist nicht zu erkennen, denn zwischen den Ventilatoren und dem Dach befindet sich eine durchgehende, sich über die gesamte Halle erstreckende blickdichte dunkelgraue Spinnwebe. Sie wiegt sich ausgesprochen sanft im leisen Luftzug der Ventilatoren. Die nicht funktionierenden Ventilatoren hat die Spinnwebe schon verschlungen. »Hier darfst du echt keine Spinnenphobie haben«, murmle ich vor mich hin.

Mein Blick schweift in die Mitte der Halle – Stuhlreihen für die Zuschauer, vielleicht fünfzehn an der Zahl mit jeweils zehn oder fünfzehn Stühlen. Alle komplett leer.

Am anderen Ende des Saales der Richtertisch. Etwas erhöht, aus dunkelbraunem Holz. An diesem sitzt ein junger Richter, nach meiner Schätzung noch keine dreißig Jahre alt. Schwarze Robe und weiße Kragenmanschette. Vor seinem Richtertisch diskutiert und gestikuliert eine größere Gruppe Menschen. Männer, Frauen, Kinder. Ob sie mit dem Richter oder untereinander diskutieren, ist in dem Wirrwarr nicht auszumachen. Wer dort Partei, Angeklagter, Kläger oder Beklagter, Staatsanwalt, Rechtsanwalt, also Prozessbeteiligter, wer vielleicht Zeuge, wer nur Zuschauer ist, zu erkennen ist dies nicht. Alle stehen im Halbkreis um den Richtertisch und palavern lautstark. Da sie das in Hindu tun, weiß ich nicht, worum es dort geht. Der Richter mischt sich ab und an ein, bleibt allerdings überwiegend Zuhörer.

In meinem Rücken höre ich unvermittelt laute Stimmen und drehe mich um. Mein Mandant wird gebracht. Händchen haltend mit zwei Polizeibeamten in Uniform betritt er den Gerichtssaal. Das ist also kein vertrautes Schlendern, kein Ausdruck eines Zufluchtsortes anderer sexueller Orientierung. So werden die inhaftierten Angeklagten bzw. Beschuldigten vorgeführt. Keine Handschellen, keine Fußfesseln, stattdessen Händchenhalten. Ich frage den BKA-Mann, warum die das so machen und ernte ein »Andere Länder, andere Sitten«.

Die Gelegenheit, Kontakt mit meinem Mandanten aufzunehmen. Ich gehe auf ihn zu, sage den indischen Polizeibeamten, wer ich sei und dass ich extra für den heutigen Termin aus Deutschland gekommen wäre. Das scheint Eindruck zu machen, zumal ich in diesem Saal der einzige Bekloppte bin, der einen Anzug nebst Hemd und Krawatte trägt. Wenn schon an einem Hitzeschlag sterben, dann doch wenigstens mit Stil. Jedenfalls geben die beiden Beamten die Hände Murawskis frei. Für mehr als die Nennung meines Namens und ein »Danke, dass Sie hier sind«

von meinem Mandanten reicht die Zeit allerdings nicht. Denn einer der indischen Polizeibeamten ruft dem Richter etwas zu. Dieser blickt auf, schaut in unsere Richtung, macht eine kurze Handbewegung, und augenblicklich verstummt die vor seinem Richtertisch stehende Menschentraube. Er winkt die Polizeibeamten heran. Die Traube vor dem Richtertisch teilt sich auf das Handzeichen des Richters, als wäre er Moses vor dem Roten Meer.

Ich setze mich in den Zuschauerraum. In die hintere Hälfte des Saales. Rechts neben Murawski steht ein älterer Mann in einem weißen Oberhemd.

»Das muss der Staatsanwalt sein«, raunt mir der Konsul zu.

Von links tritt ein weiterer Inder an den Richtertisch, bleibt in gebührender Entfernung von meinem Mandanten stehen.

»Und das sein Rechtsanwalt. Wissen Sie jetzt, was ich meine?«

Der Anwalt trägt eine von diesen für Indien typischen weiten Hosen und ein Hemd mit Stehkragen, welches über den Po reicht. An seinen Füßen sind Sandalen. Der Anwalt würdigt meinen Mandanten keines Blickes, geschweige denn begrüßt er ihn. Er wechselt nur ein paar Worte mit dem Richter. Ich sitze so weit hinten im Saal, dass ich schon akustisch nicht verstehen kann, was gesprochen wird, einmal davon abgesehen, dass ich es ohnehin inhaltlich nicht hätte verstehen können.

Murawski richtet das Wort an den Richter. Dabei dreht er sich um und zeigt auf mich, worauf der Richter mir bedeutet, mich zu erheben.

»Sie sind der Verteidiger von Herrn Murawski aus Deutschland?«, fragt mich der Richter. Er hat Probleme, den Namen meines Mandanten auszusprechen, ich habe ob seines Akzents und meiner miserablen Englischkenntnisse solche, ihn zu verstehen.

»Jawohl, Euer Ehren. Ich komme direkt aus Berlin zu Ihrer Verhandlung. Mein Name ich Veikko Bartel«, antworte ich. Berlin sage ich, da ich mir sicher bin, dass er mit der Stadt Potsdam rein gar nichts anfangen könnte.

Der Richter spricht mich weiter direkt an. Ich verstehe kein einziges Wort von dem, was er sagt, und rette mich für den Moment damit, dass ich entgegne, ich hätte ihn leider akustisch nicht verstanden.

»Dann kommen Sie besser einmal zu mir vor«, ruft der Richter mir zu. Nicht nur wegen der Temperaturen in diesem Gerichtssaal und meiner für diese gänzlich unpassenden Kleidung läuft mir das Wasser in Bächen den Rücken herunter.

Als ich vor dem Richtertisch stehe, habe ich zufällig Herrn Loeb von der deutschen Botschaft genau im Rücken. Der sitzt nämlich in der ersten Zuschauerreihe.

»Kein Grund für ein schlechtes Gewissen. Ich habe auch sechs Monate gebraucht, ehe ich die Leute hier zumindest einigermaßen verstanden habe. Ich helfe Ihnen«, raunt er mir von hinten zu.

Ich drehe mich zu ihm um, mein Blick ist voller hilfloser Dankbarkeit.

»Ihr Mandant hat mich gerade gebeten, mit Ihnen vor Beginn der Verhandlung sprechen zu dürfen. Es hätte noch keine Gelegenheit gegeben, das zu tun. Zudem wäre es sehr schwierig, eine Besuchszeit im Tihar-Gefängnis zu vereinbaren. Da Ihr Mandant nach dem indischen Gesetz das nicht selbst beantragen kann, bitte ich Sie, einen schriftlichen Antrag an mich zu richten. Ich werde den Antrag wohlwollend prüfen.«

Der Richter wiederholt, was er eben schon sagte, und Herr Loeb übersetzt jetzt simultan. Teilweise unterstützt ihn seine Begleitung. Eine für die deutsche Botschaft arbeitende Inderin. Ich hatte sie bislang noch gar nicht wahrgenommen. Als ich sie sehe, frage ich mich, wie es der deutschen Botschaft gelungen ist, die Tochter eines indischen Maharadschas anzuheuern. So bildschön, sie muss eine Prinzessin sein.

Nach diesem bezaubernden Anblick allerdings ernüchterndes Entsetzen. Was will der Richter? Einen Antrag? Schriftlich? Von mir? Die Bäche auf meinem Rücken werden zu Strömen.

Ich hole ein Blatt Papier aus meiner Tasche und schreibe etwas darauf, das nach meinem Dafürhalten so etwas sein könnte wie ein Antrag, mit meinem Mandanten sprechen zu dürfen. Als ich selbiges dem Richter gebe, befürchte ich, dass dieser ob meines, vorsichtig ausgedrückt, unbeholfenen Englisch in schallendes Gelächter ausbricht. Doch so kommt es nicht. Er bedankt sich ausgesprochen höflich für meinen Antrag und genehmigt mir und meinem Mandanten zehn Minuten Beratungszeit.

Wir drehen uns um. Mit unserem letzten Schritt vom Richtertisch weg in den Saal hinein strömen die links und rechts wartenden Menschen zusammen und bilden gleich wieder diese Menschenmenge, die ihre Diskussion unvermittelt fortsetzt. So als ob Moses den Stab aus der Erde zog und das Rote Meer die ägyptischen Truppen unter sich begrub. Es erinnert mich auch ein wenig an den Moment, an dem Dornröschen und das gesamte Schloss wiedererweckt wurden.

Wir setzen uns in die hinterste Ecke des Saales.

»Nochmals vielen Dank, dass Sie gekommen sind.« Er wirkt erleichtert, gleichwohl reserviert. »Gut. Herr … Wie war Ihr Name noch mal?«

»Bartel.«

»Herr Bartel, haben Sie gedient? Waren Sie mal Soldat?«

»Wofür ist das wichtig?«, frage ich ihn mit einiger Überraschung.

»Ich habe gemerkt, dass ich mit Leuten, die nie Soldaten waren, nicht klarkomme. Ich kann denen nicht vertrauen und merke immer und immer wieder, dass sie mich niemals verstehen, niemals werden nachvollziehen können, was ich denke.«

Er sagt das ohne die geringste Emotion in der Stimme. Nüchtern, präzise, klar. Man könnte ihn nicht missverstehen, selbst wenn man ihn missverstehen wollte. Sein Tonfall erinnert mich an meinen alten Kompaniechef: »Genosse Unteroffizier, Ziel Waldhütte rechts, Maschinengewehr-Nest, 450 Meter, Feuer.«

»Ich war wie Sie Berufssoldat«, antworte ich.

Als er das hört, huscht Erleichterung über sein Gesicht.

»Waffengattung und Dienstgrad?«

»Sagen wir Aufklärer und Leutnant.«

»Bundeswehr?«

»Nein, in der DDR.«

»Wie hieß das sowjetische« – er sagt tatsächlich sowjetische und nicht russische – »Scharfschützengewehr?«

Er testet mich. Nun gut.

»Dragunow. Kaliber 7,62. Gasdrucklader. Vollautomatisch. Zehn Schuss Gewehrmunition im Magazin. Bis 1000, maximal 1200 Meter war es okay, danach glich es eher einer Lotterie als präzisem Schießen. Aber in ihrer Reichweite – eine Waffe, die dich niemals im Stich lässt. Wollen Sie noch die V_0 wissen?«

Kein Kommentar seinerseits. »Hatten Sie es auch mit Scharfschützen zu tun?«, fragt er immer noch mit reichlich reserviertem Unterton.

»Eigenwilliges Völkchen. Blieben immer unter sich. Fast eine eigene Spezies Mensch.«

Er schmunzelt. »Ja, das sind wir, das sind wir wirklich.«

»Jetzt, wo ich den Test bestanden habe, wollen wir nicht mal über die Sache selbst reden? Wir haben nur zehn Minuten.«

»Verzeihen Sie. Es war wichtig. Wie gesagt, ich vertraue niemandem, der nicht beim Militär war. Gut, der Fall. Erste Frage: Wie sind die auf mich gekommen? Welche Beweise gibt es, dass ich das getan haben soll?«

»Man hat die Aussagen der beiden Geschäftsführer der Firma, für die Sie gearbeitet haben. Die hat man zunächst als Zeugen befragt, da das Opfer ja einer der Hauptkonkurrenten war. Die hätten ein Motiv haben können, deshalb die Zeugenvernehmung. Aber schon nach kurzer Zeit der Vernehmung legten die beiden ein volles Geständnis ab und sagten aus, sie hätten Sie beauftragt, den Mann zu töten.«

»Dann stimmen also die Gerüchte, die mich nach Indien getrieben hatten.«

»Sie wussten von den Aussagen Ihrer Chefs?«, frage ich ihn.

»Nicht exakt. Nur, wie ich sagte, gerüchteweise. Aber das hat schon gereicht.«

»Mir kommen die Aussagen ziemlich spanisch vor.« Ich hatte tatsächlich einige Zweifel an der Glaubhaftigkeit dieser Angaben.

»Warum?«

»Weil … Ich weiß nicht genau. Bauchgefühl, Erfahrung. Instinkt. Aus dem Vernehmungsprotokoll ist ein Grund für diesen Sinneswandel, nicht nur von einem, sondern gleich von beiden, nicht zu entnehmen. Hätten die geschwiegen oder den Polizeibeamten irgendwas vom Pferd erzählt oder sich ganz und gar dumm gestellt, es wäre nichts, rein gar nichts passiert. Zumal es auch keine weiteren Beweise gab, mit denen man sie hätte unter Druck setzen können. Erst: ›Ich habe damit nichts zu tun‹, und im nächsten Satz plötzlich: ›Oh mein Gott, was habe ich getan.‹ Das stinkt.«

Ich fasse ganz bewusst nur die sich aus den Verfahrensakten ergebenden Ermittlungsergebnisse zusammen, frage ihn mit voller Absicht nicht danach, ob er es getan hat.

»Was bedeutet das für die Auslieferung?«

»Ich kenne natürlich das indische Recht nicht. Der polnische Konsul sagte mir aber, dass es keine großen Unterschiede zum europäischen Recht gäbe. Das bedeutet, der Richter muss prüfen, ob die von Deutschland vorgelegten Beweise schlüssig sind. Ob sie richtig sind, muss und darf er nicht prüfen. Zum weiteren Vorgehen – ganz ehrlich? Ich habe noch keine Idee. Da brauchen wir die Hilfe von Ihrem hiesigen Anwalt. Kennen Sie den schon?«

»Er war gestern bei mir im Tihar. Vielleicht fünf Minuten. Gesprochen haben wir noch nicht.«

»Ist es der, der vorhin links neben Ihnen stand?«

»Nein, der nicht, der ist nur ein Vertreter. Der Anwalt kann heute nicht, hat einen anderen Termin.«

»Gut, ich werde …«

Einer der Polizeibeamten tippt Murawski auf die Schulter und bedeutet ihm, dass die Verhandlung fortgesetzt wird, die Besprechung beendet ist.

»Bitten Sie den Richter um eine Vertagung, da Sie noch nicht mit Ihrem indischen Anwalt sprechen konnten und der auch die deutsche Ermittlungsakte nicht kennt«, rufe ich ihm nach, während er von den Polizeibeamten durch den Saal zum Richtertisch begleitet wird.

Währenddessen teilt sich wieder das Rote Meer vor dem Richtertisch.

Ich setze mich in das hintere Drittel des Zuschauerraumes neben den Konsul. Ich will ihm gerade sagen, dass der indische Anwalt gar nicht erschienen, sondern nur ein Vertreter anwesend ist, als ich den Richter meinen Namen rufen höre.

»Herr Bartel.«

Ich erhebe mich. »Hier Euer Ehren.«

»Was tun Sie da hinten? Brauchen Sie noch einen Moment, um sich mit Ihren Mitarbeitern zu beraten?«

Ich bin verwirrt. »Brauchen«? Wie »brauchen«? Und wieso fragt er mich, »was ich da hinten mache«?

»Ich verstehe nicht ganz, Euer Ehren. Ich wollte Ihrer Verhandlung mit großem Interesse folgen.«

»Ich bin verwirrt. Sie sind doch der Verteidiger von Herrn Murawski? Oder habe ich da etwas falsch verstanden?«

»Nein, natürlich nicht, Euer Ehren«, antworte ich.

»Dann verteidigen Sie ihn auch. Ihr Platz ist hier vorn neben Ihrem Mandanten und nicht bei den Zuschauern.« Dabei macht er eine mir meinen Platz vor seinem Richtertisch zuweisende Handbewegung. Den indischen Kollegen ignoriert er vollkommen. Bis zum Ende der Verhandlung wird er ihn übrigens keines Blickes würdigen.

Unsicheren Schrittes gehe ich nach vorn und nehme meinen Platz ein. Was kommt jetzt? Ich kann doch nicht als deutscher Anwalt vor einem indischen Gericht auftreten. So ganz offiziell. In Deutschland völlig undenkbar. Will er dich jetzt vorführen? Lächerlich machen? Er hat doch bestimmt gemerkt, dass dein Englisch miserabel ist und du nichts anderes wirst tun können, als mehr oder minder hilflos rumzustammeln. Habe ich ihn mit irgendetwas verärgert? Es wäre nicht das erste Mal, dass ich einem Richter kolossal auf die Füße trat und es nicht einmal bemerkte. Aber er macht eigentlich keinen verärgerten Eindruck. Eher einen ausgesprochen interessierten. Neugierigen. So oft wird sich wohl kein Anwalt aus good old Europe in seinen Gerichtssaal verirren. Ich stehe reichlich hilflos und verunsichert neben meinem Mandanten, der auch nicht so recht weiß, was er von all dem halten soll.

»Gut, fangen wir an. Erst die Formalien. Das ist bestimmt bei Ihnen zu Hause auch so, oder?« Der Richter schaut mich Bestätigung erwartend an.

»Selbstverständlich, Euer Ehren«, antworte ich und schiebe meinen Mandanten ein wenig nach rechts, um wieder vor Herrn Loeb zu stehen. Ich drehe mich zu ihm um. Er zieht die Schultern hoch und sagt mir, dass er das auch noch nicht erlebt hätte. Trägt nicht sonderlich zu meiner Beruhigung bei.

Der Richter stellt die Personalien meines Mandanten fest und verliest dann zunächst auf Hindu, sodann auch auf Englisch den internationalen Haftbefehl und den Auslieferungsantrag der Bundesrepublik.

Das Ganze dauert etwa fünfundvierzig Minuten, die wir stehend in diesem Backofen bei sicher über 50 Grad verbringen. Er schließt mit einer Redewendung, die ich als so etwas wie »So weit, so gut« verstehe.

»Das macht man in Deutschland doch sicher genauso.«

»Natürlich, Euer Ehren.« Dass in Deutschland zwingend ein Dolmetscher der polnischen Sprache hätte anwesend sein und die Dokumente in eben jene Sprache übersetzt dem Mandanten hätten ausgehändigt werden müssen, sage ich nicht. Es hätte ihn womöglich brüskiert.

»Was sagen Sie denn zu den Vorwürfen gegen Ihren Mandanten?«, fragt er in meine Richtung.

Ich habe noch immer keinen Plan, beginne stockend, nach Worten ringend und kämpfe darum und damit, das Ganze auch noch in eine einigermaßen grammatikalisch vertretbare Form zu bringen.

»Ich habe große Zweifel an der Richtigkeit des bisherigen Ergebnisses der Ermittlungen, Euer Ehren. Die beiden Aussagen, auf denen der Haftbefehl beruht, erscheinen wenig glaubhaft. Es gibt in Deutschland strenge Regeln, wie Zeugenaussagen aufzuschreiben sind, damit ein Gericht nachprüfen kann, wie die Aussagen entstanden sind. Dem werden die Protokolle nicht gerecht.«

»Na ja, das sind ja auch nur die schriftlichen Protokolle. Zusammenfassungen. Die Einzelheiten werden sich aus den Videoaufzeichnungen der Vernehmungen ergeben. Da ist es allerdings nicht üblich und auch nicht notwendig, die mit dem Auslieferungsantrag mitzuschicken.«

»Welche Videos, Euer Ehren? Es gibt keine Videos von diesen Vernehmungen. Das ist in Deutschland nicht vorgeschrieben und findet deshalb auch nicht statt.«

»Wirklich? Das wird doch mittlerweile überall auf der Welt so gemacht. Sogar hier bei uns in Indien. Zumindest bei solchen Verbrechen.«

»Nicht in Deutschland, Euer Ehren. Man hält es nicht für notwendig. Man gibt lieber Geld für andere unsinnige Dinge aus, als in jeder Polizeiwache ein, zwei, vielleicht auch drei Kameras und einen Computer zu installieren.«

»Aber es würde die Dinge doch um so vieles vereinfachen. Man müsste sich nicht mehr mit den Problemen herumärgern, auf die Sie wohl jetzt gerade hinauswollen. Was soll ich denn jetzt Ihrer Meinung nach tun, Herr Bartel? Ob man diesen Zeugen glauben kann, darf, muss und kann ich im Auslieferungsverfahren nicht untersuchen«, erklärt der Richter.

Hat er mich jetzt wirklich gefragt, wie er die Sache entscheiden soll? Ich schaue zu ihm auf. Er vermittelt nicht den Eindruck, einen Scherz gemacht zu haben. Vielmehr erwartet er augenscheinlich eine Antwort auf seine Frage.

»Euer Ehren, es steht mir nicht zu, Euch zu sagen, was zu

tun ist. Ganz und gar nicht. Ich kenne das indische Recht nicht im Ansatz so gut wie Sie.«

»Da haben Sie Recht. Aber warten Sie, das kann man schnell ändern.« Er wühlt in einem Stapel von Papieren.

»Da habe ich es.« Er hält zwei Broschüren in der Hand und reicht diese über den Richtertisch.

»Das deutsch-indische Auslieferungsabkommen und das Gesetz über das Auslieferungsverfahren in Indien. Schauen Sie rein. Insbesondere die Artikel 28 und 37. Reichen Ihnen zehn Minuten?«

Es ist mir ein Rätsel, wie ich auf diese Frage mit »Selbstverständlich, Euer Ehren« antworten kann, aber genau das höre ich mich sagen.

»Gut, dann zehn Minuten Pause.«

Ich setze mich in die erste Reihe der Zuschauerplätze und blättere in den Broschüren, Textausgaben der indischen Rechtsvorschriften. Ich vermag nur Bruchstücke davon zu übersetzen. Was ich davon verstehe, ist wahrlich nicht viel. Und doch, während ich mich durch Juristenenglisch arbeite, kommt mir eine Idee. Jetzt weiß ich, welcher Weg zum Erfolg führen könnte. Mir geht sozusagen ein Licht auf. Es gibt nur einen Weg, hier und heute für den Mandanten etwas zu erreichen. Ich greife frontal die Verwertbarkeit der Beweise an und behaupte, dass diese unter Verstoß gegen deutsches Recht erlangt wurden, dass zumindest sehr viel dafür spricht, dass dem so ist. Reichlich kühn.

Das Recht des common law ist diesbezüglich sehr streng. Was nicht rechtmäßig erlangt wurde, darf nicht verwertet werden. Punkt. Keine Abwägung mit der Schwere der vorgeworfenen Tat, keine Hintertür wie im deutschen Recht mit unsinnigen Überlegungen, ob der betreffende Beweis hypothetisch auch anderweitig gesetzeskonform hätte erlangt werden können und damit nahezu jeder Gesetzesverstoß von Polizei und Staatsanwaltschaft zu Lasten eines Beschuldigten legalisiert werden kann und wird. Das Prinzip der Frucht vom vergifteten Baum gilt sicher auch in Indien. Nehme ich an. Auch und gerade im Auslieferungsverfahren. Ob die Beweise ohne Gesetzesverstoß erlangt wurden – das darf, kann und muss der Richter auch hier prüfen. Dessen bin ich mir sicher. Wenn ich ihn hier herausbekomme, dann sieht ihn Deutschland niemals wieder. Dann können die ermitteln, soviel sie wollen.

»Euer Ehren«, beginne ich nach der Unterbrechung, »die Verteidigung zweifelt an der Verwertbarkeit der vorgelegten Beweise. Diese sind nicht ordnungsgemäß erlangt. Es gibt erhebliche Zweifel am Vorgehen der deutschen Polizei.«

Ich verliere Stück für Stück meine Unsicherheit. Rede einfach drauf los und denke nicht mehr darüber nach, ob ich die richtigen Vokabeln benutze, und auch nicht darüber, ob meine Grammatik stimmt. Ich umschreibe die Dinge, wenn mir ein Verb oder Substantiv nicht einfällt. Ich bin ganz und gar (wieder) in meinem Element. Der Gerichtssaal, das ist meine Arena.

»Nach indischem Recht dürfen Beweise nur dann gegen den Angeklagten verwandt werden, wenn das Gesetz beachtet wurde. Sie, Euer Ehren, müssen prüfen, ob das deutsche Verfahren dem entsprach. Tat es das nicht, so muss der Auslieferungsantrag der Bundesrepublik Deutschland zurückgewiesen werden. Ich hoffe, Euer Ehren, ich habe das indische Recht insoweit richtig verstanden.«

»Durchaus, Herr Verteidiger. Das ist korrekt.«

»Der Auslieferungsantrag und der Haftbefehl, Euer Ehren, beruhen ausschließlich auf den Aussagen der beiden Personen, die den Mord nach deren eigenen Angaben in Auftrag gegeben haben. Mehr gibt es nicht, was gegen meinen Mandanten ins Felde geführt werden könnte.«

»Nein, auf weitere Beweise ist der Auslieferungsantrag auch nicht gestützt«, unterbricht mich der Richter.

»Ich kann nicht beweisen, dass es tatsächlich einen Gesetzesverstoß bei den Vernehmungen der vermeintlichen Auftraggeber gab, Euer Ehren. Noch nicht. Ich denke, das muss ich auch nicht. Denn schon allein aus den Vernehmungsprotokollen lässt sich entnehmen, dass da etwas nicht stimmt, dass es da nicht mit rechten Dingen zugegangen sein kann. Erst das vollständige Bestreiten, dann der plötzliche Wechsel zu einem umfassenden Geständnis, anlasslos, ohne jeden Vorhalt, durch den sich vielleicht die beiden Geschäftsführer in die Enge getrieben sahen. Oder was weiß ich noch alles. Jede Lebenserfahrung sagt, dass das so, wie es in den Protokollen steht, nicht gewesen sein kann. Das ist offensichtlich. Und Offensichtliches, Euer Ehren, können, dürfen und müssen Sie auch im Auslieferungsverfahren berücksichtigen.«

»Warum sollten die beiden Zeugen Ihren Mandanten falsch belasten?«, wirft der Richter ein.

»Euer Ehren, da fallen mir doch eine ganze Menge Gründe ein. Mein Mandant ist ein Hilfsarbeiter auf dem Bau mit einer militärischen Vergangenheit. Handwerklich ist er also in der Lage, eine solche Tat zu begehen. Was liegt näher, als ihn zu belasten, um nicht den wirklichen Auftragsmörder benennen zu müssen. Denn, seien wir ehrlich, diese Leute verstehen keinen Spaß. Für die sind Gefängnismauern kein Hindernis für eine Revanche an demjenigen, der geredet hat. Von den Familien mal ganz zu schweigen. Andererseits mussten sie irgendwen ans Messer liefern. Ansonsten macht ja die Aussage an sich keinen Sinn.«

»Ihre Überlegungen sind sehr interessant. Lassen Sie mich Ihnen noch einmal die Frage von vorhin stellen, Herr Verteidiger. Was soll ich tun?«

Jetzt weiß ich die Antwort.

»Ich überreiche Ihnen erst einmal Kopien der beiden Vernehmungen. Sie sollten sie übersetzen lassen, damit sich das Gericht selbst ein Bild von den Vernehmungen machen kann. Sie können diese bestimmt auch noch einmal über die Botschaft anfordern. Ich bin sicher, dass die Botschaft Ihnen die Protokolle auf kurzem Wege zur Verfügung stellen wird.«

»Vielen Dank«, sagt der Richter, als ich ihm die Protokolle überreiche.

»Wäre ich an Ihrer Stelle, Euer Ehren, so würde ich die Bundesrepublik auffordern, die Angaben des Auslieferungsersuchens zu ergänzen, und Auskunft darüber verlangen, wie diese Vernehmungen abgelaufen sind, ob es Tatsachen und Vorgänge gibt, die in den Protokollen nicht niedergeschrieben wurden. Wenn Sie ganz forsch sein wollen, dann verlangen Sie die Durchführung richterlicher Ermittlungen und nicht nur solche der Polizei. Dann dürfte auch ich als Verteidiger an Vernehmungen teilnehmen. Nach deutschem Recht hätte ich diese Möglichkeit bei polizeilichen Vernehmungen nämlich nicht. So könnte man mögliche Manipulationen ausschließen.«

»So etwas gibt es auch in Deutschland? Manipulationen meine ich.«

»Euer Ehren, auch wenn es für manchen auf der Welt bisweilen verwunderlich ist, auch wir Deutsche sind ganz normale Menschen. Und damit wie alle anderen Menschen auch fehlbar. Es gibt auch in Deutschland, wenn auch sehr wenige, Polizisten und Staatsanwälte, die der Meinung sind, der Zweck heilige die Mittel.«

»Nun neigen Anwälte allerdings auch dazu, Verschwörungen zu sehen, wo keine sind. Nun gut. Zurück zu Ihrem Vorschlag. Das kann, Herr Verteidiger, Monate dauern. Und Ihr Mandant sitzt hier in Indien in Haft und nicht in Deutschland. Will Ihr Mandant wirklich so lange sein Dasein im Tihar-Gefängnis fristen?«

Ich schaue zu Murawski, der nickt kurz.

Ich habe das Gefühl, bei diesem Richter einen Nerv getroffen zu haben, und entschließe mich spontan zu etwas aus meiner Sicht sehr Verwegenem. Vielleicht ist ja hier noch viel mehr drin, als »nur« das Auslieferungsverfahren in die Länge zu ziehen. Mit vollster Überzeugung und doch mit einem reichlich flauen Gefühl im Magen, den Bogen dann doch zu überspannen.

»Euer Ehren, mein Mandant ist Soldat. Einsätze im Irak, in Afghanistan, im Sudan und der Elfenbeinküste, im Tschad und in Zentralafrika. Er ist hart im Nehmen.«

Mein Mandant starrt mich mit einer Mischung aus entsetzter Fassungslosigkeit und Bewunderung an. Er flüstert:

»Woher wissen Sie das mit dem Sudan und der Elfenbeinküste? Das waren verdeckte Operationen. Wer sind Sie?«

Ich schaue ihm für einen Moment ganz tief in die Augen. »Legio Patria Nostra*. Die Legion lässt niemanden zurück, Soldat. Auch dann nicht, wenn er in Indien ganz tief in der Scheiße sitzt.«

Dann wende ich mich dem Richter zu. »Einen Moment, Euer Ehren. Ich möchte meinen Mandanten nur ganz kurz etwas fragen.«

»Bitte.« Der Richter gewährt mir die kurze Unterbrechung.

»Ich soll Sie von allen aus der 4. grüßen«, raune ich zurück. Er schaut noch fassungsloser drein.

»Mehr wollen Sie nicht wissen. Was viel wichtiger ist – wie viel Geld könnten Sie kurzfristig auftreiben?«

»Zwanzigtausend Euro. Sie waren dort? Auf Korsika?«

Ich wende mich wieder dem Richter zu, ignoriere seine letzte Frage.

»Vielen Dank, Euer Ehren. Zurzeit, das ist meine Meinung, kann über den Auslieferungsantrag nicht entschieden werden, weil einiges, eher sehr vieles dafür spricht, dass das Gesetz bei der Erlangung der Beweise zu Lasten meines Mandanten nicht beachtet wurde. Es sind weitere Ermittlungen notwendig, um diese Fragen zu klären. Diese werden Monate in Anspruch nehmen, da gebe ich Ihnen völlig Recht. Für diese Versäumnisse, für diese Verzögerung trägt die Bundesrepublik allein die Verantwortung. Das ist der Bundesrepublik herzlich egal. Nehme ich an. Meinem

---

* Das Motto der Fremdenlegion: Die Legion ist unser Vaterland.

Mandanten natürlich nicht. Er sitzt hier in Haft und trägt ganz allein die negativen Konsequenzen für die zeitliche Verzögerung. Ich denke, es ist sachgerecht, meinen Mandanten gegen Auflagen freizulassen. Wir bieten zwanzigtausend Euro Sicherheit an.«

Hinter mir auf den Plätzen der Vertreter der deutschen Botschaft wird es unruhig. Getuschel. Was genau, kann ich nicht verstehen.

»Interessanter Vorschlag«, erwidert der Richter. »Allerdings, so funktioniert das hier nicht, Herr Verteidiger. Ask me for a bill, please! (Fragen Sie mich nach einer Rechnung.)«*

»Ask me for a bill?« – was soll das denn bedeuten? Welche Rechnung denn in Gottes Namen? Der kann doch nicht etwa Schmiergeld meinen? Hier vor allen Leuten? Dieser indische Anwalt könnte mir ja mal helfen, aber vielleicht ist der frustriert, dass der Richter mit ihm noch kein einziges Wort gewechselt hat, ihn keines Blickes würdigt und ihn komplett ignoriert. Meine eben gewonnene Selbstsicherheit ist dahin. Ich bin wieder auf dem emotionalen Level wie zu Beginn der Verhandlung. Doch dann fällt mir ein, in amerikanischen Filmen noch nie gesehen zu haben, dass der Anwalt die Höhe einer Kaution vorschlägt. Dort wird stets lediglich die Freilassung auf Kaution beantragt. Nur der Richter nennt Zahlen. Das muss er mit seiner Frage meinen. Nur das kann es eigentlich sein.

---

* Die Frage war nicht »Ask me for a bill«, sondern »Ask me for a bail«. Bail, die juristische Kaution, war mir als Vokabel völlig unbekannt. Erst Jahre später klärte mich jemand darüber auf.

»Verzeihen Sie meine Unkenntnis, Euer Ehren.«

»Kein Problem und kein Grund, sich zu entschuldigen. Wenn Sie das alles wüssten, wären Sie in Indien Anwalt und nicht im kalten Berlin.« Ein Lächeln schwirrt über das Gesicht des Richters.

»Ich nehme an, ich muss auch diesen Antrag aufschreiben?«

»Ja, das müssen Sie, Herr Bartel.«

Ich nehme wieder ein Blatt Papier aus meiner Tasche und schreibe darauf: »Your honor, I ask you for a bill.«*

»Ich werde diesen Antrag sehr sorgfältig prüfen. Es spricht einiges dafür, ihm stattzugeben.«

»Wann würden Sie denn darüber befinden, Euer Ehren? Noch heute?«

»Ich denke, heute Nachmittag werde ich ...«

Plötzlich erhebt sich eine Stimme in meinem Rücken.

»Euer Ehren, mit allem Respekt. Hier geht es um einen Mord, den Herr Murawski begangen haben soll, nach meiner Meinung begangen hat. Seine beiden Auftraggeber haben ihn schwer belastet. Es ist zwar ausgesprochen geschickt, was der Verteidiger vorträgt. Ich halte es doch für sehr unwahrscheinlich. Herr Murawski diente mehrere Jahre bei der französischen Fremdenlegion. Wenn er freikommt, finden wir ihn niemals wieder. Er wird untertauchen. Wir kennen beispielsweise noch immer nicht seine französische Identität. Noch einmal macht er die Fehler, durch die wir

---

* Was muss sich nur der Richter gedacht haben, als ich tatsächlich *bill*, statt des mir unbekannten *bail* schrieb? Er kommentierte indes meinen Fehler mit keinem Wort, mit keiner einzigen Geste.

ihn hier in Indien gefunden haben, nicht. Und über Geld für seine Flucht verfügt er offenbar auch.« Herr Loeb hat sich erhoben und spricht den Richter direkt an. Dass er sich das traut, dafür zolle ich ihm Respekt. Eigentlich denke ich: Der hat ja richtig Eier. Hätt ich mich nicht getraut.

»Vielleicht könnte der Herr Staatsanwalt auch ein Wort dazu sagen.«

Der steht seit Beginn der Verhandlung, die immerhin schon fast drei Stunden andauert, gänzlich gelangweilt in der Gegend herum und hat noch nicht ein einziges Wort zu alldem gesagt. Ihm ist der Ausgang der Verhandlung offensichtlich völlig gleichgültig. Loebs Stimme ist deshalb, vorsichtig ausgedrückt, vorwurfsvoll.

Der Staatsanwalt erwacht aus seiner Lethargie und sagt etwas auf Hindu zum Richter. Immer noch tödlich gelangweilt, aber immerhin sagt er etwas.

»Gut, dann unterbrechen wir die Verhandlung an dieser Stelle. Ich werde Ihnen mitteilen, wie sich das Gericht entscheidet. Wahrscheinlich werde ich erst einmal weitere Unterlagen aus Deutschland anfordern, bevor ich über den Kautionsantrag entscheide. Herr Verteidiger, es war mir eine Ehre. Sie sind in meinem Gerichtssaal jederzeit ein gern gesehener Gast.«

Er steht auf und verlässt den Saal durch eine Tür hinter dem Richtertisch. Das noch immer geteilte Rote Meer lässt er achtlos zurück.

»Was hat der Staatsanwalt zum Richter gesagt?«, frage ich die indische Prinzessin aus der deutschen Botschaft.

»›Das können Sie den Deutschen nicht antun. Das gibt Ärger, wenn der untertaucht.‹ Sinngemäß übersetzt.«

Die Polizeibeamten lassen kaum Zeit, dass ich mich von meinem Mandanten verabschieden kann. Ich rufe ihm noch zu, dass ich versuchen werde, vor meinem Rückflug einen Besuchstermin im Tihar-Gefängnis zu bekommen.

Ich lasse mich auf einen Stuhl fallen. Erst jetzt bemerke ich, dass mir die Kleidung am Körper klebt und das Wasser in den Schuhen steht. Selbst das Sakko ist komplett durchgeschwitzt. Draußen empfängt mich eine Brise erfrischend kühler Luft von 42 Grad.

»Als Sie mit der Kaution anfingen, hab ich Blut und Wasser geschwitzt. Sie waren nahe dran, Herr Bartel. Sehr nahe dran.« Loebs Stimme in meinem Rücken.

»Wenn Sie nicht so ein Spielverderber gewesen wären«, erwidere ich, drehe mich um und lächle ihn an.

»Das war verdammt gut, wie Sie sich da drin geschlagen haben. Die Idee mit der Unverwertbarkeit – das war schon ... Mein lieber Mann! Da kann ich meine deutschen Kollegen verstehen, dass die ein wenig Bammel um ihre Ermittlungsergebnisse haben, wenn Sie verteidigen. Wir sehen uns. Und gute Heimreise. Kommen Sie in der Botschaft vorbei, wenn Sie wieder in Delhi sind. Das wird ja nun noch eine ganze Weile dauern.«

»Jetzt werde ich ja fast rot. Ohne Ihre Hilfe wäre ich da drin kolossal untergegangen. Vielen Dank nochmals«, sage ich. Wir reichen uns zum Abschied die Hand.

Als er schon ein paar Meter weg ist, rufe ich ihm nach: »Und grüßen Sie die indische Prinzessin von mir.«

»Welche Prinzessin?«

»Wie viele kennen Sie denn? Ich nur die eine, die heute neben Ihnen saß.« Er lacht.

Mein Bodyguard steht auf einmal an meiner Seite.

»Geben Sie mir bitte noch einen Moment, Khanna.« Ich nehme das Handy und klingle Katerchen aus dem Schlaf. Meine ersten Worte sind: »Katerchen, war das irre! Die geilste Verhandlung, die ich je erlebt habe.«

Einen Tag später. Tihar-Gefängnis Neu-Delhi.

Die polnische Botschaft bemüht sich redlich, für mich einen Besuchstermin möglich zu machen. Über Stunden warte ich in meinem Hotel auf den Anruf, ich könne mich auf den Weg machen. Aber dieser Anruf kommt nicht.

So fahre ich noch einmal ins Stadtzentrum, um ein paar Mitbringsel einzukaufen. Da mein Telefon nach wie vor stumm bleibt, rufe ich mehrfach im Hotel an und frage an der Rezeption nach, ob vielleicht eine Nachricht für mich eingetroffen sei, jemand mich habe sprechen wollen. Nach dem vierten oder fünften Anruf fragt mich der Concierge, um was es denn gehe und ob nicht er mir helfen könne. Ich bedanke mich für sein Angebot, aber verneine, denn ich brauchte einen Termin bei einem Mandanten im Tihar-Gefängnis. Dabei könne er mir ja sicher nicht behilflich sein. Seine dem widersprechende Antwort nehme ich nicht recht ernst. Er habe verstanden. Ich solle ihn in einer Stunde wieder anrufen, sagt er. Eigentlich rufe ich ihn nur zurück, um nicht unhöflich zu sein. In den indischen Hotels, die ich kennenlernen durfte, legt man noch sehr viel Wert auf die guten alten englischen Umgangsformen. So scheint es mir jedenfalls.

Als ich den Concierge also anrufe, fragt der mich sogleich, wo ich denn gerade sei, was ich ihm beschreibe.

Am Connaught Place vor McDonald's. Er schicke mir einen Wagen, mein Termin sei in einer Stunde. Ein Onkel, Neffe, Cousin, Tante, Frau, Frau der Tante – was weiß ich –, der arbeite dort und der habe das organisiert. Ich bin sprachlos. Und das selbst dann noch, als eines dieser Nobeltaxis vor diesem »schottischen« Restaurant hält.

Am Eingang des Gefängnisses wartet, wie überall in Indien an fast jedem beliebigen Ort, eine große Menschenmenge. Der Concierge hat mich vorgewarnt. Ich solle einfach mittendurch gehen, an die Tür klopfen und laut rufen, ich sei der deutsche Anwalt. So tue ich es. Zumindest die erste Tür ist offen. Aber ich bin noch lange nicht bei meinem Mandanten.

Zunächst wird mein Pass genauestens inspiziert. Mir scheint, dass man dem darin eingeklebten Visum nicht traue. Der Soldat am Eingang verschwindet dann auch mit meinem Pass in ein Hinterzimmer. Ein anderer, offenbar ein Offizier, bringt ihn mir nach einigen Minuten zurück. Er deutet auf einen weiteren Schalter, zu dem ich mich begeben solle. Da sitzt dann plötzlich der Soldat vom Anfang, genau der, der mit meinem Pass entfleucht ist.

»Zu wem wollen Sie?«, fragt er.

Ich nenne den Namen, Vornamen, Geburtsdatum und die Staatsangehörigkeit meines Mandanten. Zur Sicherheit gebe ich ihm einen Zettel, auf dem ich die Daten aufgeschrieben hatte. Er tippt die Daten in den Computer vor sich.

»Name und Vorname des Vaters?«, fragt der Soldat, ohne aufzublicken.

»Wessen Name?« Ich denke, ich habe ihn falsch verstanden.

»Der Name des Vaters Ihres Mandanten.« Doch kein Missverständnis.

»Keine Ahnung. Weiß ich nicht.«

Der Offizier von eben schaltet sich ein.

»Dann haben wir ein Problem. Um jemanden zu besuchen, muss der Name des Vaters genannt werden. Sonst ist eine Identifizierung nicht möglich.«

»Wie viele Polen mit diesem Namen und diesem Geburtsdatum haben Sie denn hier? Das kann ja wohl nur der eine sein.« Ich reagiere ärgerlich, für mein Anliegen zweifelsohne nicht sonderlich hilfreich.

»Wir haben hier über zehntausend Gefangene. Ich kann nicht wissen, wer hier alles ist. Ohne den Namen des Vaters keine Identifizierung.« Aus dem Tonfall des Offiziers ist die Freundlichkeit ebenso gewichen.

»Aber Sie haben ihn doch schon gefunden«, sage ich und zeige auf den Computer.

»So sind die Vorschriften. Jeder Besucher muss den Namen des Vaters des Gefangenen angeben.« Der Offizier ist unerbittlich. Es lohnt keine weitere Diskussion. Er wird sich nicht umstimmen lassen.

Ein Anruf in der Botschaft bringt mich nicht weiter, da ist im Moment niemand zu sprechen, der mir helfen könnte. Ich beginne, die eingescannten Ermittlungsakten querzulesen, ob der Name des Vaters irgendwo dort erwähnt ist. Unwahrscheinlich. Warum sollte der da drinstehen? Tut er auch nicht. Ich will mich gerade verabschieden, als mein Telefon klingelt. Die Botschaft liefert tatsächlich die erlösende Information. Ich darf hinein.

Nach einer mir endlos vorkommenden Odyssee erreichen wir Lager oder Abteilung 3. Ich hatte den Eindruck, mehrfach im Kreis herumgeführt worden zu sein. Aber wahrscheinlich trügt mich mein Eindruck, denn das Tihar-Gefängnis ist eine gar gewaltige Anlage. Wie eine kleine Stadt. An breiten Straßen stehen mal größere, mal kleinere Häuser, Versorgungsgebäude und immer wieder endlos lange Mauern, auf deren Kronen in regelmäßigen Abständen Wachtürme aufgepflanzt sind, die die einzelnen Unterabteilungen voneinander trennen. Diese Urbanität wird immer wieder von Grünanlagen und kleinen Parks unterbrochen. Insgesamt ist es hier im Inneren sehr grün, sehr bewachsen.

Ich werde in einen schlichten Raum geführt. Die Einrichtung ist so überschaubar wie das Bühnenbild eines Theaterstücks von Bertolt Brecht. In der Mitte des Raumes stehen zwei einfache ungepolsterte Stühle, ein Ventilator in der Ecke und eine Lampe an der Decke. Die Wände sind in einem sehr hellen Beige gestrichen, vollendet mit einem dunkelgrauen Betonfußboden. Keine Fenster. Eine metallene, von Nieten zusammengehaltene, grün gestrichene Tür. Ihr gegenüber eine kreisrunde Uhr an der Wand. Die Luft steht, man könnte sie in Scheiben schneiden. Es sind bestimmt wieder Temperaturen jenseits von 45 Grad. Ich will den Ventilator anschalten. Doch es gibt keine Steckdose.

Dann öffnet sich die Tür. Murawski steht kerzengerade im Türrahmen. Kraftvoll und voller Stolz. Nicht zusammengefallen oder demütig, wie ich es oft von anderen Mandanten erlebt habe. Er schaut mich erstaunt an. Man hatte ihm zwar gesagt, dass sein Anwalt für ihn da sei, aber er rechnete mit dem indischen und nicht mit mir. Er trägt die Sachen von gestern, nur gänzlich durchgeschwitzt. Er kommt auf mich zu, nimmt sich den freien Stuhl, dreht ihn um und setzt sich, die Lehne zum Bauch gewandt, mir gegenüber.

»Nicht sonderlich wohnlich hier«, sagt er sich umschauend. »Schön, dass Sie da sind. Gibt es ein Zeitlimit für unser Gespräch?« Seiner Stimme nach komme ich mir vor wie bei einer Taktikbesprechung vor einem militärischen Einsatz.

»Mein Flieger geht in zehn Stunden«, antworte ich, mich um die gleiche Präzision bemühend. Wahrscheinlich nicht sonderlich überzeugend.

»Ich frage das, weil in einer Stunde Zählappell ist. Da müssen alle Gefangenen anwesend sein. Das hat man Ihnen offenbar nicht gesagt.«

Er schaut hoch zur Uhr.

»Gut, knüpfen wir an unser Gespräch von gestern an. Eines muss zwischen uns beiden klar sein: Ich bin das nicht gewesen! Dabei wird es auch immer bleiben. So etwas wie einen Deal mit dem Gericht und der Staatsanwaltschaft brauchen Sie mir also gar nicht vorschlagen. Legionäre begehen keine Morde. Das ist gegen den Kodex. Punkt!«

Die Wahl seiner Worte, die Art, mit der er sie ausspricht, seine absolute Entschlossenheit ausdrückende Mimik – all das lässt noch nicht einmal einen einzigen Gedanken an Widerspruch zu, geschweige denn, solchen zu erheben. So verzichte ich, zumindest für den Moment, auf den sonst üblichen Hinweis, dass ich darauf bestehe, bestehen muss, die Wahrheit von meinem Mandanten zu erfahren. Er ist ohne Zweifel Manns genug, die Konsequenzen seiner getroffenen Entscheidung zu erkennen. Das, was er mir sagte, war kein Schnellschuss. Das war, daran hatte ich keinen Zweifel, wohlüberlegt.

»Warum sitzen gerade Sie hier und nicht ein anderer Anwalt?«, fragt er.

»Sie haben Freunde in Deutschland. Vor vierzehn Tagen rief mich Panzer an und sagte mir, dass ein Freund in Indien in Schwierigkeiten stecke. Ich möge mich darum kümmern.«

Er lächelt. »Panzer, an den hätte ich zuletzt gedacht. Grüßen Sie ihn von mir und sagen Sie Danke. Hatten Sie schon Kontakt zu meiner Familie?«

Ich verneine. »Ich habe die Kontaktdaten erst hier vom Konsul bekommen. Was soll ich ausrichten?«

»Das Übliche. Mir geht es gut. Die Dinge laufen. Kein Grund, sich Sorgen zu machen, ich sei bald wieder zu Hause. Sie werden mit Sicherheit für einen Freispruch sorgen usw.«

»Also das Gegenteil der Wahrheit? Sozusagen.« Er übergeht meine Provokation. Sie war offensichtlich nicht deutlich genug.

»Genau das werden Sie sagen. Nichts anderes. Wenn Sie das nicht können, dann nehmen Sie keinen Kontakt zu meiner Familie auf.«

Seine pseudodominante Art, seine gespielte, übertrieben zur Schau gestellte Härte gegen sich selbst geht mir ziemlich auf den Zeiger. Irgendwie muss ich ihn mal auf den Boden der Tatsachen zurückholen, sonst bin ich als Verteidiger nur seine Marionette.

»Es ist falsch. Vollkommen schwachsinnig«, sage ich mit belangloser Stimmlage, ohne zu ihm aufzublicken, während ich so tue, als machte ich mir Notizen.

»Was ist falsch?«

»Alles. Wie Sie sich hier verhalten! Kein Deal, ohne überhaupt danach zu fragen, wie die Sache steht. Ihre Familie, die Angst um Sie hat, sich sorgt, so ganz draußen zu lassen. Dieser ›Legionäre begehen keine Morde‹-Unsinn. Alles Bullshit. Aber hey, es ist Ihr Arsch, der hier verrottet, nicht der meine.«

Ich versuche, auf seine Überheblichkeit noch eins draufzusetzen und gleichzeitig völliges Desinteresse und Gleichgültigkeit an seinem Schicksal zu bekunden. Das kann mich mein Mandat kosten, aber das Risiko muss ich eingehen.

Er springt auf, packt den Stuhl und wirft ihn durch den Raum. Da hab ich wohl gerade mitten ins Schwarze getroffen, denk ich mir. Ich kann seinen verletzten Stolz geradezu riechen. Er brüllt mich an.

»Bullshit? Bullshit? Sie bezeichnen meine Ehre als Legionär als Bullshit? Hauen Sie bloß ab und lassen Sie sich nie wiedersehen.« Dann stürmt er zur Tür.

Jetzt bin ich dran. Wenn ich wirklich etwas beherrsche, dann lauter zu brüllen als irgendwer. Und das tue ich jetzt.

»Was erlauben Sie sich, Soldat? Erweisen Sie mir gefälligst den Respekt, der mir als Offizier gebührt. Sie schwingen jetzt Ihren Arsch hierher, heben den Stuhl auf und setzen sich! Und zwar auf der Stelle.«

Mit zwei kurzen Schritten ist er zurück, und wir stehen uns in der Mitte dieses Zimmers keine zwanzig Zentimeter voneinander entfernt gegenüber. Nur ist er einen halben Kopf kleiner als ich.

»Ich bin genauso Offizier wie Sie«, schreit er zurück.

»Das waren Sie mal, Soldat. Vor langer Zeit. Jetzt sind Sie als Legionär nur noch Schütze Arsch im letzten Glied. Sie haben vielleicht den Dschungel Guayanas überlebt und im Sudan Wüstenstaub gefressen, aber das ist mir scheißegal. Das hier, das ist mein Schlachtfeld. Auf dem sind Sie der allerletzte Nichtskönner. Sie werden das tun, was ich Ihnen sage. Haben Sie das verstanden, Soldat?«

Er schaut mich völlig entsetzt an. Ich lege, immer noch mit voller Lautstärke, nach.

»Ich warte auf Ihre Antwort, Soldat. Haben Sie mich verstanden?«

Wir starren uns an. Keiner weicht dem Blick des anderen aus. Endlos. Die grüne Tür fliegt mit einem lauten Krachen auf, und zwei indische Bedienstete mit Schlagstöcken bewaffnet stehen in selbiger. Ich gebiete ihnen mit einem Handzeichen Einhalt und mache deutlich, dass keine Gefahr besteht. Sie ziehen sich zurück und schließen vorsichtig die Tür. In den Streit dieser durchgeknallten Europäer wollen sie sich offenbar nicht einmischen.

Er bewegt sich als Erster. Zögerlich zunächst. Wortlos dreht er sich um, holt den Stuhl aus der Ecke und setzt sich. Ich tue es ihm gleich und bin erleichtert. Zwischendurch war mir mein Herz ganz tief in die Hose gerutscht. Es ist sicher nicht die cleverste Idee, eine solche Kampfmaschine wie ihn zu provozieren.

»Erzählen Sie mir vom Irak«, sage ich betont leise. Ich will ihn kennenlernen. Herausfinden, was für ein Mensch er ist. Wie er Dinge beschreiben kann, was er in absoluten Stresssituationen fühlt. Was ihm wichtig ist. Und auch, wofür er bereit wäre zu sterben. Und zu töten.

»Der Irak.« Er schaut an die Zimmerdecke und schließt die Augen. »Sechs Monate war ich dort. Es war … Mir fehlen die Worte, das zu beschreiben.« Wir schweigen uns an. Ich will nicht nachfragen, ihn nicht aus den Bildern reißen, die er offenbar gerade vor Augen hat.

»Als ich wieder zu Hause war, habe ich sofort meinen Abschied eingereicht. Ich war frustriert. Diese Nutzlosigkeit, mit der wir da unten unsere Tage verbrachten.« Er öffnet die Augen und schaut mich wieder an.

»Das war … das war, als wenn man beim Schwimmen auf den Startblock steigt. Der Starter ruft: ›Fertig!‹, man geht in die Startposition, aber es kommt kein ›Los!‹. Oder wie der Ersatzspieler, der jede Minute hofft, eingewechselt zu werden, und genau das nicht geschieht. Dabei hat der doch trainiert wie die anderen, härter sogar noch als alle anderen. Er war bereit für das entscheidende Tor. So geduldig er auch wartet, er bleibt auf der Ersatzbank hocken.« Er schüttelt verständnislos den Kopf.

»Als sie uns, zurück in der Heimat, Orden für unseren Einsatz im Irak an die Brust hefteten und große Reden über unsere Größe und Stärke schwangen, ein amerikanischer General uns für unsere Unterstützung der Militäroperationen der Amerikaner dankte, war mir klar, dass ein ›Los‹ niemals kommen wird, dass wir niemals werden mitspielen dürfen. Aber das spricht natürlich niemand aus. Als ich mit all den Orden an der Uniform nach Hause zu meinen Eltern kam, da platzten die fast vor Stolz. Für meine Eltern, für meine alten Schulfreunde, für das ganze Dorf, aus dem ich stamme, war ich ein Kriegsheld. Zwanzig Medaillen um den Hals, aber nie etwas geleistet«, resignierender Sarkasmus beherrscht seine Stimme.

»Du trainierst, trainierst, trainierst … jahrelang. Dann endlich, der Irak. Zeit, dich zu beweisen. Sie kennen das Gefühl ja auch.«

»Nein, kenne ich nicht. Zumindest nicht als Soldat«, sage ich.

»Nicht?«

»Nein. Zwischen unserer beider Karrieren als Soldaten gibt es einen ganz gravierenden Unterschied. Ich war vor dem Fall der Mauer Soldat. Die Zeit des Kalten Krieges. Klar haben wir auch trainiert, bis an den Rand der totalen Erschöpfung und noch darüber hinaus. Aber niemand von uns rechnete damit, irgendwann einmal wirklich kämpfen, in den Krieg ziehen, auf Menschen schießen zu müssen. Keiner. Wenn es zu Zeiten des Kalten Krieges geknallt hätte, dann wären die Atomraketen hin und her geflogen. Wer hätte da noch Aufklärer gebraucht? Sie haben trainiert, um im Einsatz in einem realen Krieg zu siegen und dabei zu überleben. Wir, weil es uns, sehr oberflächlich ausgedrückt, Spaß machte, wie Rambo mit Patronengurten und Handgranaten behängt ein Dorf auf dem Truppenübungsplatz zu stürmen. Dass da irgendwann vielleicht jemand zurückschießen würde oder könnte, der Mann neben dir umfällt und nicht mehr aufsteht, das war kein Thema. Wir haben Räuber und Gendarm mit scharfer Munition und echten Panzern gespielt. Mehr nicht.«

»Das ist trotzdem immer noch besser als bei uns. Sie

hatten wenigstens Gewissheit. Uns haben sie gedrillt für solche Einsätze. Was denken Sie, wie viel Schuss ich vor dem Irak durch meine Waffe gejagt habe?«

Ich hebe unwissend die Schultern.

»Dreißigtausend dürften es gewesen sein. Vielleicht sogar noch mehr.«

Wow!, denke ich. In meinen fast sechs Jahren als Soldat war es nicht einmal ein Bruchteil davon.

»Ich kam im September 2003 in den Irak, nach Nadschaf, einer heiligen Stadt. Babylon war da auch in der Nähe. Die Lage war sehr angespannt. Alle dort hatten das Gefühl, auf einem riesigen Pulverfass zu sitzen, dessen Zündschnur schon brannte, aber niemand wusste, wie lang diese ist. Wenige Tage zuvor gab es einen Bombenanschlag mit über hundert Toten. Die Stadt quoll vor Marines über. ›Semper fi‹*, sag ich da nur. Wir sollten eigentlich die Kontrolle über dieses Gebiet von den Amerikanern übernehmen, aber die trauten uns das nicht zu. Unsere Ausbildung wäre noch nicht abgeschlossen, hieß es. Also standen wir Wache, meist an Orten, an denen es gar nichts zu bewachen gab. Oder wir hockten einfach nur nutzlos im Camp. Wenn es mal die Notwendigkeit zum Kämpfen gab, etwa weil man vom Dach aus beobachtet hatte, wie jemand eine Sprengfalle an der Straße deponierte, dann mussten die Marines gerufen werden. Wir durften nicht eingreifen. Wir waren ja noch nicht reif dafür. Du hast den Typen, der gerade eine Bombe am Straßenrand vergräbt, im Zielfernrohr. Du kannst ihn ohne Probleme und ohne andere in Gefahr

---

* »Semper fidelius« = »Immer treu«, das Motto des US Marine Corps.

zu bringen, ausschalten. Du fragst über Funk nach der Erlaubnis zum Schuss und hörst: ›Negativ. Die Marines sind in zehn Minuten da und übernehmen.‹ Nach zehn Minuten ist der aber schon sonst wo, und der Sprengsatz ist platziert und scharf. Irgendwann wurde mir klar, dass ich auf ewig auf diesem Startblock stehen werde, ohne ins Wasser springen und zeigen zu dürfen, was ich kann. Dann kam noch die Wut dazu, der Durst nach Rache. Als die Ersten von uns fielen.«

Dass es dann mal einen Fehlstart gibt, ist wohl unvermeidbar, denke ich mir. Sage es aber nicht.

»Deshalb dann zur Legion?«

»Ich fühlte mich dort vom ersten Tag an zu Hause.«

»War das nicht eigenartig? Sie waren kommandierender Offizier und bei der Legion Rekrut. Also wieder auf der untersten Stufe der Hierarchie.«

»Ich hatte damit kein Problem. Da herrscht auch ein anderes Klima. Du weißt vom ersten Tag an, das sind deine Kameraden, die dir vielleicht irgendwann einmal das Leben retten werden. Und du ihnen. Ob Korporal, Sergeant oder Offizier. Jede Sekunde des Drills war darauf angelegt, im Einsatz zu bestehen und dabei nicht draufzugehen. Was die mit uns gemacht haben. Da war die polnische Armee ... Wie sagten Sie vorhin? Räuber und Gendarm spielen. Ich habe das verflucht und zugleich unendlich geliebt. Das, genau das wollte ich seit Kindheitstagen machen.«

Ich mag mich irren, aber ich glaube zu sehen, dass seine Augen feucht werden.

»Genau das«, sagt er leise.

»Wie war das, als Sie zum ersten Mal in einem Gefecht

waren, Ihr Ziel anvisierten und es, nehme ich an, trafen?« Ich scheue mich davor, ihn unverblümt nach seinen Gefühlen zu fragen, als er das erste Mal einen Menschen tötete.

»Sie wollen wissen, was ich beim Töten fühlte.« Er hat mich durchschaut.

»Jeder, der wusste, dass ich im Irak und später bei der Legion war, wollte mich genau das fragen. Ich habe es ihnen angesehen, es stand ihnen förmlich auf der Stirn. Aber keiner hat sich getraut. Man macht sich trotzdem seine Gedanken. Was würde man antworten, fragt einen eines Tages der eigene Sohn danach.«

Er hält einen kurzen Moment inne.

»Wissen Sie, Herr Bartel, das realisiert man nicht. Man hat diese Kampfsituationen, die Bewegungsabläufe, die Routinen so oft geübt, das ist purer Automatismus. So wie Sie es eben formulierten, es ist ein Ziel. Nicht mehr und nicht weniger. Anonym. Kein Gesicht, keine menschliche Mimik oder Gestik. Nur eine Silhouette. Wie auf dem Schießstand. Es macht ›bumm‹, und so man trifft, kippt die Scheibe nach hinten. Anders ist es als Scharfschütze. Da hast du einen Menschen im Zielfernrohr, lebensgroß, ganz nah an dir dran und doch hunderte Meter von dir entfernt. Du siehst nicht nur, dass dein anonymes Ziel, also die Silhouette umfällt. Als Scharfschütze siehst du den Menschen sterben. In dem Moment denkst du daran aber nicht. Du bist voller Adrenalin. Nur auf deinen Auftrag fokussiert.«

Wieder hält er inne, schaut und hört in sich hinein.

»In einem Feuergefecht schießt man auf die Stellung des Gegners. Der zielt auf die deine und schießt zurück. Du weißt, dass irgendeines dieser Geschosse dich jederzeit treffen kann, und du tust alles dafür, damit das nicht passiert. Aug um Aug und Zahn um Zahn. Dass ein Scharfschütze dich im Visier hat, das siehst du nicht. Gegen ihn bist du machtlos. Deshalb sind wir Scharfschützen ja auch so verhasst. Die überraschten, erschreckten Augen voller Todesangst in dem Moment, wenn dein Projektil in dein Ziel einschlägt, die kommen dich nachts in deinen Träumen besuchen. Wenn der Kopf deines Ziels leblos und schlaff auf die Brust fällt. Wenn du das Einschussloch in der Stirn nachhallen siehst. Ich könnte Ihnen jeden einzelnen Treffer aus all den Jahren beschreiben. Manchmal hatte ich das Gefühl, sehen zu können, wie ihre Seele den Körper verließ und in den Himmel stieg.«

»Wie lebt es sich mit diesen Albträumen?«, frage ich und stelle sogleich fest, seine Gedankenwelt doch nicht verstanden zu haben.

»Ich hatte nie Albträume. Albträume hat nur der, der sich seines Tuns schämt. Das war Krieg. Ich hatte nie das Gefühl, auf der falschen Seite zu stehen.«

»Dann kam die Verwundung. Wie ging es danach weiter?«, frage ich ihn.

»Nicht nur einmal wünschte ich mir, diese Panzerfaust hätte ihre Aufgabe besser mal zu Ende gebracht. Ich war vierunddreißig, und mein Leben, wie ich es bis dahin kannte, war vorbei. Mir war nichts geblieben, und ich konnte nichts anderes als schießen. Es gab nichts, woran ich mich hätte festhalten können. Mein Selbstvertrauen war unter null gefallen. Als wir nach Deutschland zogen, fand ich keinen Job. Wie auch, außer einen Menschen auf dreiundachtzig verschiedene Arten zu töten, habe ich doch nichts gelernt. Nicht einmal als Türsteher wollte mich jemand einstellen, ich bekam dieses komische Zertifikat, was man da irgendwie braucht, von den Behörden nicht. Und ich hatte keine Kraft, mich zu streiten, keine Kraft zu kämpfen. Mir war beigebracht worden, für andere zu kämpfen. Aber wie man für sich selbst kämpft, hat mich niemand gelehrt. Ein Nachbar vermittelte mich dann auf den Bau. Als Bauhelfer. Steine und Trockenbauplatten schleppen, Bauschutt wegschaufeln, Gräben ausheben. Jeder kommandierte mich herum, den dummen, arbeitsscheuen Osteuropäer, der den Deutschen den Job wegnimmt. Genau so haben die mich da behandelt.«

»Sie haben niemandem von Ihrem Leben davor erzählt?«

»Warum sollte ich? War mir alles egal. Ich war wie in Trance, gleichgültig gegenüber allem und jedem. Außerdem hätte mich dann jeder in den Pausen wahrscheinlich mit irgendwelchen Fragen genervt. Und ich wollte nicht an diese für mich glückliche Zeit erinnert werden.«

»Was nicht funktionierte, weil Sie sowieso jeden Tag an die Legion dachten«, werfe ich dazwischen. »Und Ihre Familie? Warum konnte die Ihnen nicht den Halt geben, Ihre Frau und Ihr Sohn?«

»Ach, meine kleine Agniezka, sie hat sich mit so unendlicher Geduld um mich bemüht. Hat alles versucht, mich aus diesem Loch herauszuholen. Aber sie war machtlos, weil ich unfähig war und wahrscheinlich immer noch bin, damit abzuschließen und loszulassen.«

»Wenn Sie in Ihrer Firma niemandem davon erzählt haben, was und wer Sie einst waren, woher wussten dann Ihre Chefs von Ihrer Vergangenheit? Denn die haben ausgesagt, sie hätten gerade Sie beauftragt, weil Sie bei der Fremdenlegion und außerdem Scharfschütze gewesen sind.«

»Vor ein paar Monaten gab es auf einer Baustelle ziemlichen Ärger. Es gab das Gerücht, dass unsere Firma dort rausfliegen und stattdessen eine Truppe Rumänen den Trockenbau machen soll. Meine Kollegen fürchteten um ihre Jobs, dachten, sie würden über den Winter wieder entlassen werden. Dabei hatten sie so gehofft, dass dieser Trockenbauauftrag sie über den Winter rettet. Ich hatte gerade eine Ladung Trockenbauplatten in den vierten Stock gebracht, da sehe ich, dass sich meine Leute im Innenhof mit den Rumänen prügeln. Und am Verlieren waren. Eigentlich hatten sie schon verloren, aber die Rumänen hörten nicht auf. Mir hätte das völlig egal sein können, wenn die eins auf die Mütze kriegen. Aber man steht für seine Truppe ein, das liegt mir im Blut, gleichgültig, ob man den Einzelnen nun mag oder nicht. Da konnte ich gar nicht anders, als mich einzumischen. Es war nach ein paar Sekunden vorbei. Der Rest der Rumänen, also die, die noch laufen konnten, ist von der Baustelle geflohen und nur deshalb noch einmal zurückgekommen, um ihre Kollegen, die nicht mehr laufen konnten, abzuholen. Ich musste am nächsten Tag ins Büro der Chefs, und die fragten mich, woher ich das denn könne. Da habe ich denen die Wahrheit erzählt.«

»Und was haben Ihre Kollegen gesagt? Wie haben die Sie danach behandelt?«

Er lacht. »Ab da war ich der King. Ich hätte den ganzen Tag nur rumsitzen können und nichts tun.«

Dann wird er wieder ernster.

»Es tat gut. Für die Seele. Ich hatte endlich wieder das

Gefühl, etwas Sinnvolles geleistet zu haben, etwas wert zu sein. Sogar die beiden Chefs grüßten mich ab da immer als Erstes, wenn sie auf die Baustelle kamen. Dabei war das doch so was von lächerlich mit diesen paar Rumänen. Aber wie gesagt, diese Wertschätzung, sie tat mir unglaublich gut.«

»Weil wir gerade dabei sind, ich würde mit Ihnen gern die Aussagen der beiden durchgehen. Wort für Wort. Ist das okay?«, frage ich ihn.

»Wie sagten Sie vorhin? Es ist Ihr Schlachtfeld.«

»Gut. Also zunächst die Aussage des Herrn …«

Die grüne Tür geht auf, und ein Bediensteter kommt herein.

»Ihre Zeit ist für heute vorbei. Es ist gleich Appell, und da müssen alle Gefangenen anwesend sein«, sagt er.

Ich will gerade dazu ansetzen, den Beamten um eine Verlängerung zu bitten oder hier warten zu können, bis der Appell vorbei ist, doch Murawski schüttelt schon den Kopf.

»Keine Chance, die machen hier keine Ausnahme. Für niemanden. Die haben sogar den Konsul nach fünf Minuten rausgeschmissen. Wir sehen uns«, sagt er zum Abschied, als er schon aus dem Zimmer geführt wird.

Fast zwei Jahre später wurde er nach Deutschland ausgeliefert und vor Gericht gestellt. Ich habe ihn in diesem Verfahren nicht mehr verteidigen können. Wie ich hörte, hat er sich mit Händen und Füßen gegen eine Verurteilung gewehrt. Das Gericht glaubte aber seinen Chefs und nicht ihm. Er wurde zu einer lebenslangen Freiheitsstrafe verurteilt.

DER SERIEN-VERGEWALTIGER, DER TOD VON FRAU MEYER UND DAS GEWISSEN DES VERTEIDIGERS

Es ist eine laue Sommernacht im August 2017. Unruhe treibt mich um. Ich finde seit Stunden nicht in den Schlaf, denke zurück an viele Fälle aus fünfzehn Jahren Strafverteidigung. Bilder von geschundenen Leichen. Von Tatorten. Auf den glänzenden Edelstahltischen in der Gerichtsmedizin. Denke an im Gerichtssaal weinende Angehörige der Opfer. An Mandanten. Niemals zuvor hatte mir auch nur ein einziger Fall den Schlaf geraubt, hatten mich Fotos aus den Akten verfolgt, mir Albträume beschert. Habe ich jemals, frage ich mich in dieser Nacht, an meinem Tun als Verteidiger gezweifelt? Infrage gestellt, ob ich auf der richtigen Seite stehe? Mit mir gerungen, mein Bestes zu geben, obwohl ich wusste, zumindest ahnte, dass meine Arbeit im Ergebnis die Gerechtigkeit, was immer darunter zu verstehen sein mag, konterkarieren würde? Legte ich sehenden Auges, dass ich eine unkalkulierbare Gefahr für andere Menschen heraufbeschwor, den Finger genau in die Wunde, die eine Verurteilung des von mir verteidigten Mandanten unmöglich machen würde? Plagte mich irgendwann einmal etwas, was man gemeinhin als »schlechtes Gewissen« bezeichnet?

Viele Menschen »da draußen« halten uns Strafverteidiger für fragwürdige Gestalten, verbinden uns mit dem Bild des Tom Hagen aus *Der Pate* als Consigliere des Verbrechens. Strafverteidiger und »schlechtes Gewissen«? Das setzte ja voraus, dass die tatsächlich über ein Gewissen verfügten! Die Strafverteidiger als gewissenlose Handlanger des Abschaums der Gesellschaft, denen die Fähigkeit, zwischen Gut und Böse, zwischen Richtig und Falsch, zwischen Gerecht und Ungerecht zu unterscheiden, gänzlich abhandengekommen ist. Wenn nicht das, dann haben die diese Fähigkeit für (Schwarz-)Geld, Nutten und Kokain über Bord geworfen. Anders, als »mit denen« unter einer Decke zu stecken, »mit denen« gemeinsame Sache zu machen, anders könnte man ja gar nicht als Strafverteidiger arbeiten.

Jede Berufsgruppe hat wahrscheinlich die eine Frage, die dem Betreffenden immer und immer wieder gestellt wird. Bei einem Astrophysiker ist es wahrscheinlich: »Und was machen Sie tagsüber?« Bei uns Strafverteidigern ist die Frage aller Fragen: »Wie können Sie nur jemanden wie den (oder die) verteidigen?« Auf meine Gegenfrage: »Fragten Sie mich das auch, ginge es um Ihren Sohn, Ehemann, Bruder oder Freund?« war zumeist betretenes Schweigen die Reaktion.

Ein Mann namens Dzerschinski, der Gründer des sowjetischen Geheimdienstes und maßgeblich am roten Terror der russischen Revolution 1917 beteiligt, hatte vor nun fast hundert Jahren einmal ein Anforderungsprofil seiner Mitarbeiter formuliert. »*Tschekist*«, so sagte er, könne *»nur ein Mensch mit kühlem Kopf, heißem Herzen und sauberen Händen (sein) … sauberer und ehrlicher als irgendwer – er muss so klar wie ein Kristall sein«.*

Ohne nur ein einziges Wort daran zu ändern: Das muss ein Strafverteidiger erfüllen, nicht mehr und nicht weniger. Genau das! Unangreifbar für jedermann.

Zuvorderst unangreifbar im Hinblick auf, für und vom

eigenen Mandanten. Niemals darf ein Verteidiger gemeinsame Sache mit Mandanten machen. Niemals! Das wäre sein Ende.

Natürlich interessiert den Drogenhändler nicht, ob der Verteidiger ihm eine Quittung für das in bar gezahlte Honorar aushändigt. Ob er eine Rechnung bekommt und die Rechnung als Schuldgrund zahlt, ist dem mafiösen Schutzgelderpresser und Menschenhändler gänzlich gleichgültig. So verlockend es auch sein mag, nebenbei ein paar tausend Euro mitzunehmen – niemand zahlt wirklich gerne Steuern –, genau in diesen Momenten beginnt das Ende. Der Verteidiger wird erpressbar.

Misstraue deinen Mandanten wie dir selbst. Diese Lektion habe auch ich schmerzlich lernen müssen. Die Chancen sind nicht gerade gering, vom eigenen Mandanten – auch und vor allem wider der Wahrheit – ans Messer geliefert zu werden. Die Gründe sind mannigfaltig. Und so banal, wie sie banaler nicht sein könnten.

So sagt sich manch ein Mandant: Würfe man seinen der Staatsanwaltschaft doch bestimmt verhassten Verteidiger eben jener zum Fraße vor, bekäme man sicher vor lauter Dankbarkeit eine geringere Strafe oder zumindest einige Vergünstigungen im Strafvollzug. Niederträchtig, wenn auch nachvollziehbar. Schutzgelderpresser, Menschenhändler, Betrüger, Vergewaltiger – ihnen ist der Kant'sche kategorische Imperativ keine lebensbestimmende Herzensangelegenheit. Oder anders ausgedrückt – von einem Menschen, der osteuropäischen, asiatischen oder anderen Frauen die Pässe und Ausweise wegnimmt, sie unter Schlägen und Drohungen gegen sie und ihre Familie zur Prostitution zwingt, mit ihnen handelt, als wären diese Frauen seine Sklavinnen, so etwas wie Ehre und Anstand auch seinem Anwalt gegenüber vorauszusetzen, wäre wohl reichlich verfehlt.

Als Nächstes ist natürlich Rache und Vergeltung ein treffliches Motiv.

Strafverteidigung ist von hautnahem Erleben faszinierend bizarrer Verdrängungsmechanismen begleitet. Mechanismen, die die Realität nicht nur umdeuten, sie vielmehr ins Gegenteil verkehren.

Der Anwalt kommt das erste Mal zu seinem Mandanten, nicht viel mehr wissend, als der Haftbefehl hergibt. Die pauschale Frage, ob denn das alles so stimme, bejaht der Mandant unumwunden. Bisweilen sogar mit reichlich Stolz auf sein kriminelles Treiben.

Der Anwalt studiert fortan die Akten, analysiert die Beweislage und macht dem Mandanten Vorschläge, mit welcher Strategie und Taktik man in die Hauptverhandlung gehen könnte. Er stellt die Varianten dar, versucht nach bestem Wissen und Gewissen dem Mandanten die Risiken, aber auch die Chancen einer die Vorwürfe bestreitenden Verteidigung aufzuzeigen, andererseits ihm die Vorteile eines Geständnisses näherzubringen. Die Entscheidung liegt einzig und allein beim Mandanten.

Der will streiten. Geständnisse liegen ihm nicht im Blut. Er verpfeift niemanden, noch nicht mal sich selbst.

In den wochen-, manchmal monatelangen Gesprächen danach geht es um alles, um jedes noch so nebensächliche Detail. Um eines geht es aber schlichtweg gar nicht mehr, nämlich um die erste vom Anwalt gestellte Frage: »Haben

Sie das getan, was man Ihnen vorwirft?« Warum auch, die Fronten waren ja schon beim ersten Besuch geklärt.

Es geht »nur« noch darum, ob es gelingen könnte, die Glaubwürdigkeit des den Mandanten belastenden Zeugen XYZ zu erschüttern und/oder die Glaubhaftigkeit seiner Aussage in Zweifel zu ziehen, ob die durch die Staatsanwaltschaft eingeholten Sachverständigengutachten wissenschaftlichen Standards entsprechen, die Regeln einer Gegenüberstellung eingehalten wurden oder die gesetzlichen Voraussetzungen für die Anordnung einer Telefonüberwachung vorlagen, Durchsuchungen gesetzeskonform stattgefunden haben und, und, und ... Es geht um alles, was eine Verurteilung des schuldigen Mandanten zu verhindern geeignet wäre.

Wenn die Verhandlung dann läuft, fünf, zehn, zwanzig und mehr Verhandlungstage, wertet man mit dem Mandanten das aus, was in der Verhandlung geschehen ist, und setzt es in Beziehung zum Ziel der Verteidigungsstrategie. Man diskutiert die Ergebnisse der Beweisaufnahme nur noch mit der Präferenz der gewählten Verteidigungsstrategie. Man ist ganz und gar auf die Hauptverhandlung fokussiert, verliert sich bisweilen im Kleinkrieg um gänzlich unwichtige Details.

Je besser aus Sicht des Mandanten die Beweisaufnahme läuft, umso unschuldiger fühlt er sich. Daran ändern auch alle warnenden Hinweise des Verteidigers, dass noch gar nichts gewonnen wäre, nichts mehr.

Am Ende wird der Mandant doch verurteilt. Oder er bekommt viel mehr als prognostiziert. Die Rechnung ging also trotz aller anwaltlicher Kunst nicht auf.

Der folgende Aufschrei des Mandanten ist ohrenbetäubend. Nicht etwa: »Mist! Hätte ich doch nur das Dealangebot der Staatsanwaltschaft angenommen.« Vielmehr: »Skandal! Wie konnten die mich verurteilen!? Ein zum Himmel schreiender Justizirrtum!«

Der Mandant fühlt sich zutiefst ungerecht behandelt. Er ist doch unschuldig!

Es ist völlig sinnlos, ihn zu besänftigen, ihn daran zu erinnern, dass er doch für das und nur für das verurteilt wurde, was er tatsächlich getan hatte, geschweige denn daran, dass der Anwalt ihm, seinem Mandanten, die Risiken einer bestreitenden Verteidigung in allen Farben geschildert hatte.

Schuld an diesem himmelschreienden Unrecht ist natürlich ausschließlich der Verteidiger! Wer auch sonst?! Das kann, nein, das muss man dem Verteidiger dann schon mal heimzahlen, ihn der Staatsanwaltschaft zum Fraße vorwerfen. Wenn der Mandant leidet, dann soll das gefälligst auch der Anwalt tun.

Das Gefährlichste ist jedoch die Dummheit von Mandanten. Eines Tages stand Katerchen sichtlich blass in meinem Zimmer. Sie hatte gerade die Eingangspost bearbeitet und hielt mir nun einen Brief vor die Nase. Mein Briefkopf, an einen inhaftierten Mandanten adressiert, der allerdings schon eine Woche zuvor aus der Untersuchungshaft entlassen worden war. Da unzustellbar, ging der als »Verteidigerpost« gekennzeichnete Brief an den im Adressfenster sichtbaren Absender zurück, in dem Fall an meine Kanzlei. Allerdings hatte ich diesen Brief dem Mandanten gar nicht geschickt. Als meine Büroleiterin den zurückgekommenen

Brief öffnete, fand sie darin den abgeschnittenen Briefkopf meiner Kanzlei und etwa zehn Gramm eines weißen Pulvers, welches sich später als Kokain herausstellte. Der Mandant hatte meinen Briefkopf dazu benutzt, Drogen in den Knast zu schmuggeln. Ich möchte mir selbst heute noch nicht ausmalen, was geschehen wäre, wenn diese Sendung bei einer Routinekontrolle in der JVA aufgefallen wäre – denn ab und an wird auch die Verteidigerpost durchleuchtet – oder wenn man diesen Brief nebst Inhalt bei einer Zellenkontrolle festgestellt hätte.

Es bleibt in diesem Beruf nicht aus, sich Feinde zu machen. Ein in seinem Stolz verletzter Polizeibeamter da, eine eifrige, bedingungslos karrierefixierte und obendrein von der Männerwelt im Allgemeinen und Besonderen verschmähte Staatsanwältin hier, eine frustrierte, von Neid und Hass auf die Anwaltschaft und jeden Angeklagten zerfressene Richterin im Faltenrock dort. Personen, denen man einmal zu viel auf die Füße getreten ist. Sie alle sind ausgesprochen dankbare Empfänger solcher Nachrichten oder Anlässe. Sie zögern keine Sekunde, streitbaren Strafverteidigern das Leben zur Hölle zu machen. Gerätst du als Strafverteidiger einmal in die Mühlen diabolischer Solidarität staatlicher Strafverfolgung, gibt es kein Entrinnen. Wenn sie deinen Kopf wollen, bekommen sie ihn.

Haben mich diese Gefahren davon abgehalten, meine Arbeit zu tun? Mitnichten. Jeder weiß, dass es einen im Straßenverkehr in jedem Augenblick erwischen kann, und dennoch setzt man sich jeden Tag auf Neue hinters Lenkrad. Und – zumindest gilt das für mich – genießt es.

Aber all diese lauernden Tretminen sind nur eine Seite der Medaille. Die andere Seite ist die viel, ja sehr viel wichtigere.

Man kann als Verteidiger nur dann seine vom Gesetz zugewiesene Aufgabe erfüllen, wenn das Gericht einem mit Respekt begegnet. Nun gebührt dem Verteidiger schon durch seine Position im Strafprozess Respekt, so wie dem Richter oder dem Staatsanwalt eben jener gebührt. In den Schoß fällt einem dieser dennoch nicht. Ein Verteidiger verdient sich in erster Linie Respekt durch sein Fachwissen, sein Engagement und ein klein wenig auch durch sein rhetorisches Geschick. Eben dadurch, dass er sein Handwerk beherrscht.

Ein paar gewonnene Revisionen schaden sicher auch nicht. Kein Richter lässt sich gern von einem übergeordneten Gericht, gar dem Bundesgerichtshof sagen, die Dinge falsch gesehen zu haben.

Jungen Anwälten, begannen diese in meiner Kanzlei zu arbeiten, schrieb ich stets ins Stammbuch, dass sie in einem Gerichtssaal nur dann etwas zu suchen hätten, wenn sie allen anderen in diesem Saal in der Kenntnis des Falles und in ihrer fachlichen Kompetenz haushoch überlegen waren. Learning by doing – dafür ist der Strafgerichtssaal definitiv der falsche Ort, denn man nutzt das Schicksal von Menschen – und selbiges ist einem Strafverteidiger anvertraut – nicht als Übungsobjekt.

Respekt vor dem anderen zu haben bedeutet auch, Vertrauen in den anderen zu haben. Natürlich nicht in der Form, dass das Gericht den Angeklagten freispricht, weil sein hoch angesehener Verteidiger sagt, sein Mandant sei ja nun offensichtlich unschuldig: »Hohes Gericht, mein Mandant ist unschuldig, er sagt es ja selbst!«

Wenn das Gericht weiß, dass man nicht zu den Verteidigern gehört, die im Gerichtssaal für die Presse, die Öffentlichkeit, den eigenen Mandanten eine Show abziehen, sondern zu denen, die sachlich und bedacht, gleichwohl mit nicht minderer Härte und Konsequenz argumentieren, dann und nur dann wird das Gericht einen Verteidiger ernst nehmen, ihm zuhören, zumindest versuchen, seine Argumentation nachzuvollziehen. Von sogenannter Konfliktverteidigung, also des Suchens eines Konflikts um des Konflikts willen, habe ich noch nie viel gehalten, was nicht bedeutet, dass ich selbigen aus dem Weg ging. Wenn es für den Mandanten, für dessen Sache nützlich war, habe ich jeden Streit geführt, jeden Konflikt ausgetragen und jede Konfrontation gesucht und ja, auch provoziert.

Aller Respekt ist jedoch dahin, verbrüdert man sich mit seinem Mandanten. Kein Gericht wird einen noch für voll nehmen.

Ja, ein Strafverteidiger stellt sich schützend vor seinen Mandanten. Ja, ein Strafverteidiger ergreift Partei für »seine« Verbrecher. Ja, ein Strafverteidiger wird auch die geringste sich bietende Chance nutzen, seinen noch so schuldigen Mandanten vor einem (gerechten) Urteil zu bewahren. Er wird Zweifel säen, wo es keinen Zweifel gibt. Er wird nicht zögern, einen Zeugen derartig zu verunsichern, dass dieser selbst nicht mehr an die Richtigkeit seiner polizeilichen Aussage glaubt. Und das, obwohl der Verteidiger weiß, dass die Angaben dieses Zeugen bei der Polizei nichts anderes waren als die Wahrheit. Er wird in Beweisanträgen seinen

Mandanten entlastende Alternativszenarien in den buntesten Farben schildern und unter Beweis stellen, von denen er weiß, dass es sie niemals gegeben hat, sie aber nach den Beweismitteln des betreffenden Falles geben *könnte*.

Aber wird er bei all dem die Grenzen des Gesetzes überschreiten? Etwa einen Zeugen benennen, von dem er weiß, der würde vor Gericht die Unwahrheit bekunden. Beweismittel vernichten oder Tatorte manipulieren. Niemals! Davon abgesehen, dass die schon oben erwähnten Staatsanwälte und Polizeibeamte geradezu auf einen solchen Fehltritt lauern und sich mit Wonne darauf – in diesen Fällen zu Recht – stürzten. Ein Richter, ein Gericht, ein Staatsanwalt nähme diesen Verteidiger nie wieder ernst, würde alles, was dieser Verteidiger täte, was er beantragte, was er plädierte, nur noch mit Argwohn und Ablehnung betrachten. Der Verteidiger selbst würde zum größten Hindernis bei der Suche nach der Wahrheit.

Zurück zur Anfangsfrage: Habe ich ein Gewissen? Zumindest ein Rudiment davon? Hat es mich irgendwann einmal davon abgehalten, meine verdammte Pflicht als Verteidiger zu tun?

Ja, in einem einzigen Fall war ich tatsächlich kurz davor, das Diktiergerät aus der Hand zu legen, den Computer herunterzufahren und die Revision gegen das meinen Mandanten schuldig sprechende Urteil nicht zu begründen. Auf dass er dort bliebe, wo ihn das Landgericht hingeschickt hatte. In die nachträgliche Sicherungsverwahrung. Ohne Aussicht, dass sich die Gefängnistore jemals wieder für ihn öffnen. Rein in die Zelle, Tür zu und den Schlüssel ganz weit wegwerfen.

Die Sicherungsverwahrung ist die schärfste Strafe, die das deutsche Strafrecht kennt.*

Im Rechtssinne ist die Sicherungsverwahrung keine Strafe, sondern eine sogenannte Maßregel, auf die zusätzlich zur Strafe erkannt wird. Der Verurteilte erhält für die ihm zur Last gelegte Tat eine Freiheitsstrafe, die er verbüßen muss. Wird er zur Sicherungsverwahrung verurteilt, kommt er auch nach vollständiger Verbüßung der Freiheitsstrafe nicht frei. Er bleibt im Gefängnis, gegebenenfalls bis ans Ende seines Lebens, denn eine Höchstfrist kennt das Gesetz nicht mehr.

Bis ins Jahr 2004 konnte Sicherungsverwahrung nur originär mit dem schuldig sprechenden Urteil verhängt werden. Wurde das versäumt, obwohl die Voraussetzungen vorlagen, gab es im Nachhinein keine Möglichkeit, das nachzuholen.

Doch dann kamen die Populisten, die die Öffentlichkeit »effektiver« vor gefährlichen Straftätern schützen wollten, und ersannen die nachträgliche Sicherungsverwahrung. Beispiel: Ein Sexualstraftäter, den man trotz des Wissens um seine Rückfallwahrscheinlichkeit nach Verbüßung seiner Haftstrafe hatte entlassen müssen, tötete kurz nach seiner Entlassung ein Kind. »Bad cases make bad law!«, sagt man im Englischen. So entstand die Idee der nachträglichen Sicherungsverwahrung. Sollte sich im Zeitraum der Verbüßung der Strafhaft eine fortbestehende erhebliche

---

* Ausgedacht haben sich dieses Instrument des Schutzes der Allgemeinheit vor besonders gefährlichen Straftätern die Nationalsozialisten (Gesetz gegen gefährliche Gewohnheitsverbrecher vom 24.11.1933). Sie füllten damit die Konzentrationslager.

Gefährlichkeit des Inhaftierten herausstellen, dann sollte es auch später möglich sein, ihn doch noch für immer wegzusperren.

Ich hielt das schon immer für verfassungswidrig. Der Europäische Gerichtshof für Menschenrechte sah das auch so und erklärte die nachträgliche Sicherungsverwahrung als menschenrechtswidrig. 2010 hob man die gesetzliche Regelung daher – zumindest in einigen Teilen – wieder auf.

Zum Zeitpunkt dieses Falles waren die Regelungen aber noch in Kraft.

Alles, wirklich alles sprach dafür, dass dieser Mandant, ließe man ihn außerhalb von Gefängnismauern auf die Menschheit los, über kurz oder lang tötet. Für diese Erkenntnis brauchte man nicht wirklich ein forensisch-psychiatrisches Gutachten, man musste nur die zahlreichen Urteile lesen, die in den letzten dreißig Jahren gegen ihn ergangen waren. Ausnahmslos Sexualdelikte. In der Begehung von Mal zu Mal brutaler, bedingungs- und erbarmungsloser.

Mit siebzehn verging sich Michael Karna an Kindern und wurde wegen Nötigung und sexuellen Missbrauchs zu einem Jahr Gefängnis verurteilt. Als er im Februar 1978 wieder freikam, vergingen nur vier Monate, bis er eine Frau vergewaltigte. Zwei Jahre und zwei Monaten zog man ihn dafür aus dem Verkehr. Wieder war es Februar, als er das Gefängnis verließ. Im Jahr 1980. Zehn Monate später wurde die nächste Frau sein Opfer. Dieses Mal war es eine Vergewaltigung im »schweren Fall«. Dafür bekam er drei Jahre und sechs Monate, die er bis Anfang April 1984 verbüßte.

Am 22. August 1985 wurde er abermals wegen Vergewaltigung – wiederum in einem schweren Fall, die Tat hatte er am 9. Juli 1985 begangen – zu einer Freiheitsstrafe von sechs Jahren verurteilt. In den Wendewirren kam er im Juli 1990 auf Bewährung frei. Am 31. Mai 1998 – mithin knapp acht Jahre nach seiner letzten Entlassung aus der Strafhaft – vergewaltigte er erneut eine Frau. Das zuständige Landgericht verfrachtete ihn am 22. Januar 1999 für neun Jahre in den Knast.

Hatte er wirklich acht Jahre kein Sexualdelikt begangen?

Mitnichten.

Im Juli 1995 verging er sich abermals an Kindern. Diese spielten in einem Wald, und er lauerte ihnen auf einem Hochsitz auf. Überführt wurde er durch eine DNA-Probe, die ihm anlässlich des Verfahrens im Jahr 1999 abgenommen worden war. Angeklagt und verurteilt wurde er allerdings nicht. Die Staatsanwaltschaft stellte das Verfahren ein. Die zu erwartende Strafe fiele gegenüber den neun Jahren, die er ja schon bekommen hatte, nicht sonderlich ins Gewicht. Dass schon damals die Voraussetzungen vorlagen, Sicherungsverwahrung anzuordnen, übersah oder ignorierte man.

In den neun Jahren Haft lehnte er jedes Therapieangebot ab, verweigerte sich jedem Gespräch mit Psychologen, Sozialbetreuern etc., jedem, der vielleicht in der Lage gewesen wäre, ihm zu helfen. Es saß in seiner Zelle die neun Jahre ab. Bis auf seine Schwester hatte er keinerlei soziale Kontakte. Auch nicht zu Mitgefangenen. Eine Autobahn zum wiederholten Wiederholungstäter.

Nein, noch einmal würde Karna nicht fast zehn Jahre im

Gefängnis verbringen, weil die von ihm vergewaltigte Frau ihn angezeigt hatte und er erwischt worden war.

Wie viele Vergewaltigungen hatte er begangen, derer er nicht hatte überführt werden können oder bei denen sich die betreffenden Frauen vor Todesangst nicht trauten, Anzeige zu erstatten? Den letzten beiden Frauen hatte er bei der Tat gedroht, sie umzubringen, sprächen sie mit der Polizei. Gerade diese Frage ließ mich nicht los.

Sein nächstes Opfer wird sterben. Und es wird ein neues Opfer geben. Davon war ich fest überzeugt.

Und nicht nur ich.

Die Justizvollzuganstalt, in der er einsaß, warnte die Staatsanwaltschaft eindringlich vor der Gefahr in Gestalt dieses Menschen. Kurz vor seiner Haftentlassung klagte man Karna wegen der Tat aus dem Jahr 1995 dann doch noch an. Ein Antrag auf Sicherungsverwahrung – nur mit dieser Option machte eine solche Anklage überhaupt Sinn – wurde mit der Anklageschrift allerdings nicht gestellt. Auch das angerufene Landgericht raffte das nicht. Es schaffte sich die zusätzliche Arbeit eines widerlichen Sexualverfahrens dadurch vom Hals, dass die Anklage nicht zugelassen wurde. Zwischen der Tat und der Anklage sei ja nun so unendlich viel Zeit vergangen, dass man dem Angeklagten eine Verhandlung nicht mehr zumuten könne, es läge ein Verfahrenshindernis der rechtsstaatswidrigen Verfahrensverzögerung vor. Die Staatsanwaltschaft ließ diesen *»in der Sache kaum nachvollziehbaren«* (so der Bundesgerichtshof in der Revisionsentscheidung – Übersetzung ins Umgangssprachliche: Was für ein Schwachsinn! Wie konntet ihr nur?!) Beschluss rechtskräftig werden, statt dagegen in Beschwerde zu gehen. Damit war über den Missbrauch dieser beiden Kinder rechtskräftig entschieden. Niemals wieder würde Karna dafür belangt werden können.

Die Ursprungsstaatsanwaltschaft schickte die Sache nun an eine andere Staatsanwaltschaft, möge die ihr Glück mit einem Antrag auf nachträgliche Sicherungsverwahrung versuchen. Brillante Idee, doch der Zug war lange abgefahren. Das Gesetz erlaubte in seinem Fall entgegen der Überzeugung des Landgerichts die Anordnung der Sicherungsverwahrung nicht (mehr).

Ich musste das als sein Verteidiger rügen. Das war meine verdammte berufliche Pflicht.

Ich hasste es, Sexualdelikte zu verteidigen. Zwei Menschen streiten sich, der eine tötet den anderen – die Gründe für eine solche Tat konnte ich oftmals nachvollziehen, vielleicht sogar verstehen.

Aber sich an einer Frau oder Kindern sexuell zu vergehen, nein, mit solchen Menschen wollte ich nichts zu tun haben. Das klingt völlig irrational? Ist es auch. Nur im Ausnahmefall habe ich die Verteidigung in Sexualstraftaten übernommen und unzählige Anfragen abgelehnt. In diesem Fall konnte ich das nicht.

Der Vorsitzende der zuständigen Kammer des Landgerichts rief mich an und sagte in seinem unverwechselbaren, ausgesprochen kraftvollen Bass, dass er einen *»Scheißfall«* auf dem Tisch habe und einen Pflichtverteidiger brauche. Die Sache wäre mehr als vertrackt und der Angeklagte auch sehr schwierig. Da sei ihm niemand anderer eingefallen als meine Person.

Es ist in fünfzehn Jahren Strafverteidigung nur ganze zwei Mal vorgekommen, dass sich ein Richter mich freiwillig in sein Verfahren holte. Dass gerade *er mich* fragte, empfand ich als Ritterschlag, hatten wir uns doch in vielen Jahren zuvor in den verschiedensten Verhandlungen vortrefflich gestritten. Nein, so unangenehm mir die Sache an sich war, diesem Vorsitzenden gibt man keinen Korb. Also übernahm ich das Mandat.

Es war nicht nur der Fall, dessen abstoßende Tatsachen, mit all den Vorstrafen dieses Mandanten, der mich geradezu anwiderte. Es war nicht zuletzt der Mandant selbst. Gab man ihm die Hand, so fühlte es sich an, als drücke man einen schon vor geraumer Zeit dahingerafften Fisch. Obgleich er in einer sehr modernen Haftanstalt seit fast einer Dekade sein Dasein fristete, stank er nach Knast, nach muffigem Mauerwerk, nach schlechtem Essen, nach purer Bösartigkeit. Ein Adjektiv beschreibt jede Zelle seines Körpers, jedes Wort, jede Geste – widerlich. Nach dem ersten Gespräch mit ihm vermied ich bis zur Verhandlung jeden weiteren Kontakt. Es gab auch nicht wirklich etwas zu besprechen. Der Tatnachweis hinsichtlich der Tat zu Lasten der Kinder war schlüssig, das seinen Hang zur Begehung von schwersten Sexualstraftaten bejahende Sachverständigengutachten unangreifbar.

Meine Arbeit tat ich dennoch, denn bei aller Antipathie – Karna gehörte von Rechts wegen nicht dahin, wo er gerade war. Ich legte Haftbeschwerde ein, ging gegen den diese verwerfenden Beschluss vor, wehrte mich gegen die Eröffnung des Hauptverfahrens. Alles erfolglos.

Kurz vor der Verhandlung traf ich zufällig einen der auf

gerichtlicher Seite Beteiligten. Wir grüßten uns, sagten, dass wir uns ja in der kommenden Woche in der Sache Karna sähen. Er nahm mich zur Seite und flüsterte: »Herr Bartel, Sie haben mit allem Recht, aber glauben Sie ernsthaft, wir würden den rauslassen? Das soll mal schön der Bundesgerichtshof selber machen.«

Ich konnte ihn verstehen. Der zu erwartende, im tatsächlichen Ausmaß allerdings in keiner Weise vorhersehbare Zorn der Presse, ja der gesamten Öffentlichkeit würde sich auf dieses Gericht und seine Mitglieder entladen. Dass dieses Gericht für die missliche Situation nun rein gar nichts konnte, dafür nicht im Mindesten verantwortlich war, würde in der Öffentlichkeit mit Sicherheit untergehen.

Die Verhandlung war das blanke Grauen. Bei den sehr anschaulichen Schilderungen der Kinder, die jetzt ja schon Erwachsene waren, lief es mir eiskalt den Rücken hinunter. Beide waren noch immer, fünfzehn Jahre nach der Tat, ob des Geschehenen traumatisiert. Ich dachte während ihrer Vernehmung permanent darüber nach, was ich wohl mit ihm angestellt hätte, wären es meine Kinder gewesen. Ich blickte zu dem neben mir sitzenden Mandanten. Mir schien, als erregte ihn das, was die beiden Frauen erzählten, und ich sah für einen winzigen Moment ein Lächeln in seinem sonst gänzlich apathischen Gesicht. Vielleicht wollte ich aber auch nur ein solches Lächeln sehen, um meine Meinung von der Widerwärtigkeit dieses Menschen bestätigt zu wissen. Eine Entschuldigung bei den Opfern? Fehlanzeige.

Das Landgericht verurteilte ihn zu nachträglicher Sicherungsverwahrung, und für einen Moment, für einen winzigen Moment spürte ich Erleichterung, dass man ihn verurteilt hatte. Im selben Moment ärgerte ich mich indes sowohl über das Urteil als auch über meine Freude darüber.

Nun lag das schriftliche Urteil vor mir. Vier Wochen hatte ich die Sache vor mir hergeschoben. Die Uhr für die Revisionsbegründung tickte erbarmungslos. Janusköpfig saß ich an meinem Schreibtisch. Noch niemals zuvor war mir ein Konflikt zwischen Herz und Verstand so schmerzlich präsent. Ich wollte das nicht tun, ihm nicht zur Freiheit verhelfen, nicht daran mitwirken, diesem Menschen abermals die Gelegenheit zu geben, Frauen und Kinder zu schänden. Mitschuldig zu werden, mitschuldig zu sein, würde dieser Mensch tatsächlich töten.

Andererseits war dieses Urteil wider das Gesetz, mochte ich, das Gericht, die Staatsanwaltschaft, die Presse, mochten wir alle zusammen noch so sehr von der Notwendigkeit überzeugt sein, dass man die Gesellschaft vor diesem Mann schützen musste.

In dieser Gemütslage saß ich in der Nacht vor dem Ablauf der Revisionsbegründungsfrist an meinem Schreibtisch. Ich erinnere mich, dass mein Blick durch den Raum schweifte und an einem in braunem Leder gebundenen Buch mit kyrillischen Buchstaben hängen blieb. Mein Großvater hatte es mir viele Jahre zuvor geschenkt.

»Ja, verdammt gute Frage, Wladimir Iljitsch! Hast du auch eine Antwort darauf? Wahrscheinlich nicht.« Ich murmelte vor mich hin und schaute auf Lenins *Schto djelat?*. Auf Deutsch: *Was tun?*

Ich tat, was zu tun war. Ich tat meinen Job. Es wurde eine meiner besten Revisionsbegründungen.

Etwa zwei Monate später.

Ich bin gerade am Landgericht Frankfurt/Oder. Verhandlungspause. Mein Handy klingelt. Eine mir unbekannte Nummer. Ich gehe ran.

»Hast du schon gehört? Karna ist draußen. Ganz Malchow ist in Aufruhr. Demonstrationen. Plakate, Banner im ganzen Ort, dass man hier keine Sexualtäter haben will und er sich zum Teufel scheren soll. Polizei zu seinem Schutz vor seiner Tür, weil man Übergriffe befürchtet.« Ein Berliner Journalist der Zeitung mit den vier großen Buchstaben. Aufgeregt, mit ehrlichem Entsetzen in der Stimme.

»Wovon redest du?« Ich hatte nicht die geringste Ahnung, was er meinen könnte.

»Na Karna, Sicherungsverwahrung!«, antwortete er.

»Quatsch, das kann gar nicht sein. Ich habe noch nicht einmal die Stellungnahme des Generalbundesanwalts bekommen, und erst wenn die vorliegt, gehen die Akten an den Bundesgerichtshof. Und Haftbeschwerde habe ich auch nicht noch mal eingelegt.«

»Mag ja alles sein. Ich weiß nur, dass er auf Anordnung des BGH heute Morgen aus der JVA entlassen wurde, er von seiner Schwester abgeholt wurde und jetzt bei ihr in Malchow ist. Verbarrikadiert in deren Haus, mit Polizeischutz vor der Tür, damit man ihn nicht lyncht.«

Ich bin völlig konsterniert. Sprachlos.

»Ich brauche eine Stellungnahme von dir«, höre ich ihn sagen.

Katerchen steht neben mir, und als sie mich ansieht, weiß sie, dass irgendetwas Schlimmes passiert sein musste. Aber eigentlich war es doch gar nicht schlimm. Es war nach dem Gesetz die richtige Entscheidung. Und dennoch ist mir alles andere als wohlig zumute.

»Karna ist frei. Ich hab die Revision gewonnen. Thomas Heise ist dran und will eine Stellungnahme von mir«, raune ich ihr zu.

Ich bin nicht nur erleichtert, ich spüre geradezu Erlösung, als Katerchen mir kurzerhand das Telefon aus der Hand nimmt.

»Hallo Thomas, sei so lieb und lass den Chef da raus. Kein Kommentar, kein Statement. Keine Erwähnung, dass er ihn verteidigt hat. Als Gegenleistung entlasse ich dich aus deiner Pflicht hinsichtlich des Diamantkolliers.« Beim letzten Satz schmunzelt sie und bekommt offensichtlich seine Zusage.

Katerchen gibt mir das Telefon zurück.

»Erledigt«, sagt sie.

»Ich soll kein Statement abgeben?«, frage ich sie.

»Keinesfalls.«

»Nur ihm nicht oder generell nicht? Ich meine, als Strafverteidiger ein geiler Sieg.« Mein wahrscheinlich angeborener Hang zu selbstdarstellender Bescheidenheit bricht wieder durch.

»Sind Sie verrückt! Die zerreißen Sie doch in der Presse, für die sind Sie doch der Schuldige, dass der wieder frei rumläuft. Ihr Name sollte tunlichst nicht auftauchen. Nirgends. Kein Schreiberling von der Presse wird es wagen zu schreiben, dass die Schuld bei der Staatsanwaltschaft und dem Landgericht liegt. Und keiner wird sich die Mühe machen, irgendwem da draußen die juristischen Zusammenhänge zu erklären. Und selbst wenn ... Wie sagen Sie immer so schön: ein untauglicher Versuch an der Grenze zum Wahndelikt.«*

»Aber ich hab ihn doch nicht rausgelassen, das war der Bundesgerichtshof.«

»Glauben Sie ernsthaft, dass dieser feine Unterschied irgendwen interessiert? Die werden Sie als gewissenloses Subjekt an den Pranger stellen. Wieder mal. Ich weiß, dass Ihnen das egal ist, aber denken Sie mal an Ihre Kinder, wenn die bei dem Medienhype, den dieses Urteil haben wird, morgen darauf angesprochen werden, dass ihr Vater die übelsten Vergewaltiger und Kinderschänder aus dem Knast holt. Und es wird Mandate kosten. Kein ehrbarer Krimineller«, Katerchen deutet bei »ehrbar« Gänsefüßchen an, »will von irgendwem gefragt werden, ob sein Verteidiger doch nicht etwa der ist, der dieses Monster rausgeholt hat.«

---

* Untauglicher Versuch = Jemand will einen anderen erschießen, lauert diesem auf, zielt und drückt ab. Allerdings hatte er vergessen, die Waffe zu laden. Sein Tatmittel, also das Gewehr oder die Pistole, war wegen der fehlenden Munition untauglich – strafbar als versuchtes Tötungsdelikt. Wahndelikt = Die Schwiegermutter soll sterben. Die Gelegenheit ist günstig, als diese in den Urlaub fliegen will. Der Schwiegersohn liest in einem alten, sehr alten Buch einen Zauberspruch, von dem er glaubt, das Flugzeug, in dem die Schwiegermutter sitzen wird, zum Absturz bringen zu können. Er fährt seine Schwiegermutter zum Flughafen und verhext das Flugzeug, auf dass es die gehasste Schwiegermutter in den Tod reißt. Straflos, denn das Tatmittel, der Hexspruch, ist im Gegensatz zum Gewehr oder der Pistole schon abstrakt nicht geeignet, einen Menschen zu töten.

Sie hat Recht, ich weiß es. Dennoch wage ich den hilflosen Versuch eines Widerspruchs.

»Aber es ist ein gutes Urteil. Weil es ein klares Statement ist, dass der Zweck eben nicht die Mittel heiligt. Dass in diesem Land das Gesetz etwas wert ist und eben nicht nur leere Hülle. Dass es für dieses Land verheerend wäre, gäbe es solche Urteile nicht mehr. Denn andernfalls herrschte nur noch unkontrollierbare Willkür. Das kann selbst der Dümmste nicht wollen. Das muss man den Leuten erklären. Eigentlich müsste das Land dieses Urteil feiern.«

»Glauben Sie ernsthaft, das würde ein Journalist so schreiben? Glauben Sie ernsthaft, Ihnen würde irgendwer wirklich zuhören, während dieser Typ frei durch die Straße läuft und den nächsten Frauen und Kindern auflauert?«

»Die Verhandlung wird fortgesetzt!«, schallt es über den Gerichtsgang.

»Sie müssen wieder rein«, sagt Katerchen. »Ich rufe die anderen uns bekannten Journalisten an.«

»Was wollen Sie denen sagen?«

»Dass sie, wenn die irgendwann wieder mal eine Info über einen Ihrer Fälle haben wollen, Ihren Namen da raushalten sollen. Das sollte Motivation genug sein.«

Es gelang ihr. In keinem der zahllosen Artikel, die in den folgenden Wochen zu diesem Fall erschienen, fiel mein Name.

Am gleichen Abend betreten wir, Katerchen und ich, die Gaststube eines Hotels in Görlitz, in dem ich, manchmal eben wir, vor Verhandlungstagen am dortigen Landgericht übernachtete. Der Wirt und zugleich Inhaber des Hotels trat hinter dem Tresen hervor und begrüßte uns wie alte Bekannte. Wahrscheinlich deshalb wird uns vom runden Stammtisch Marke Eiche rustikal aus zugewunken, und wir werden aufgefordert, uns dazuzusetzen. Nach kurzer Zeit ist klar, die örtliche Handwerkerprominenz. Wir quatschen, albern herum, die Handwerksmeister erzählen Herrenwitze, flirten mal versteckt, meistens jedoch reichlich unverhohlen mit Katerchen, die sich darüber trefflich amüsiert, die Verlegene spielt und jedem der am Tisch sitzenden Herren das Gefühl gibt, in ihren Augen nicht nur ein Gott, sondern ihr Gott zu sein. Katerchen in der Rolle des naiven Blondchens. Kluge Frauen sind etwas Wundervolles, klug und schön, da wird die Luft schon dünner. Die Vereinigung von Klug-, Schön- und Weisheit wie bei Katerchen ist so selten wie ein Wasserstoffatom im interstellaren Raum. Ich schaue dem Treiben amüsiert zu, genieße es.

Im Fernseher über dem Tresen laufen die Tagesthemen.

»Dieter, mach mal lauter, die Sache mit dem Kinderschänder aus Malchow. Hab ich heute im Radio gehört.«

Man sieht die Demonstrationen vor dem Haus von Karnas Schwester, zahlreiche, ausgesprochen feindliche Kommentare von Anwohnern, völliges Unverständnis über die Entscheidung des Bundesgerichtshofs, selbst von dem vor Ort befindlichen ARD-Reporter. Eine Stellungnahme des Sprechers des Landgerichts nach dem Motto: Wir haben ihn verurteilt, für den Bundesgerichtshof können wir nichts. Kein Wort darüber, aus welchen zutreffenden juristischen Gründen er freigelassen wurde. Von niemandem.

Am Stammtisch schlagen die Emotionen hoch. Die Amputation eines bestimmten Körperteils ist noch das Harmloseste, was die Herren Handwerksmeister mit meinem

Mandanten veranstalten würden, bekämen sie ihn in die Finger.

»Und dem Anwalt, der dieses Schwein rausgeholt hat, würde ich den Schwanz gleich mit abschneiden«, skandiert der dicke, direkt neben Katerchen sitzende Klempnermeister.

Katerchen lacht auf. Während sie ihm freundschaftlich auf den Rücken klopft und sich ein Stück, den Blick zu mir freigebend, zurücklehnt, sagt sie: »Na dann los, der sitzt genau neben mir!«

Plötzliche Stille am Stammtisch. Mir bleibt das Herz stehen. Ich suche instinktiv nach einem Fluchtweg.

Dann grölen alle los.

»Nee, das ist ein Guter!«, sagt einer.

»Mädel, du hast einen herrlich schwarzen Humor!«, sagt ein anderer.

»Mit der hast es aber auch nicht leicht!«, ein Dritter.

Mein Herz beginnt ganz langsam wieder zu schlagen. Katerchens Augen, die mich schuldbewusst anschauen, schreien schelmisch: »Entschuldigung, da hab ich wohl über die Stränge geschlagen!«

Aber es passt zu diesem Fall.

Manchmal will die Wahrheit niemand hören und schon gar nicht glauben.

Karna hat übrigens seit seiner Freilassung weder getötet noch Frauen überfallen. Zumindest ist mir nichts anderes bekannt. Er begab sich unter permanenter Polizeiüberwachung stehend sogar in eine Therapie.

Die Frage, welche Verantwortung ein Verteidiger trägt, ob er Schuld verspürt, begeht einer seiner Mandanten später ein Verbrechen, welches dieser hätte nicht begehen können, wenn der Verteidiger seinen Job nicht so gut gemacht hätte, sie blieb für mich abstrakt, fürderhin, wie so vieles andere, verdrängt.

Bis ich am Vortag dieser lauen Sommernacht im August 2017 die Zeitung aufschlage. Ein halbseitiger Bericht über den Mord an Angelika Meyer, einer 63-jährigen Frau. Mittendrin das Porträt eines von mir vor einigen Jahren mit Erfolg verteidigten Mandanten namens Steffen Traber.

Ich war in den zurückliegenden fünfzehn Jahren mehrfach sein Verteidiger gewesen, zuletzt 2010. Da warf ihm die Staatsanwaltschaft vor, zwei ältere Frauen überfallen und dabei versucht zu haben, sie zu töten. Zwei versuchte Morde, einer davon in Tateinheit mit Raub. Eine sehr lange Freiheitsstrafe, wenn nicht sogar eine lebenslange, war das Ziel der Staatsanwaltschaft. Und die Verhängung der Sicherungsverwahrung. Der psychiatrische Sachverständige, gegen dessen Gutachten nichts zu erinnern war, empfahl diese ausdrücklich. Er befürchtete die Begehung weiterer schwerer Straftaten gegen das Leben anderer durch Traber. In diesem Gutachten las man nicht nur einmal die Worte »psychopathisch«, »narzisstisch« und »ohne Achtung vor dem Leben anderer«.

Es treibt mich aus dem Bett. Ich fange an, in meinen alten, längst abgelegten Akten zu wühlen, und sitze binnen kürzester Zeit in einem Berg von Papier. Nichts.

Will ich mich wirklich erinnern?

Die damalige Anklageschrift fällt mir in die Hände. Langsam kommen die Bilder wieder.

Die Beweislage in diesem Verfahren war dünn, wenn auch nicht chancenlos für die Staatsanwaltschaft. Sagen wir dünn genug, um als Verteidiger das Bohren anzufangen. Die Sache stand und fiel mit dem Nachweis, der Überzeugung, ob Traber tatsächlich mit Tötungsvorsatz gehandelt hatte. So weit, so gut.

Es gelingt mir, meinen verstaubten Kanzleiserver zum Laufen zu bringen. Dort finde ich einen Brief an meinen Mandanten, der die Ergebnisse der ersten Verhandlungstage zusammenfasst. Ich schrieb solche Briefe oft, gar nicht so sehr, um die Mandanten zu informieren, sie waren ja schließlich selbst in der Verhandlung zugegen. Vielmehr war es ein Instrument der Analyse für mich selbst, um Wichtiges von Unwichtigem zu trennen, offene Flanken zu erkennen, um die Verteidigungsstrategie einer Überprüfung zu unterziehen.

»Sehr geehrter Herr Traber,
die ersten Verhandlungstage liegen hinter uns. Lassen Sie mich kurz die Ergebnisse der Beweisaufnahme wie folgt zusammenfassen.

Zunächst das Positive.

Es gab keine Überraschungen zu unseren Lasten, es traten keine Tatsachen zutage, die sich nicht auch schon aus den Akten ergaben. Demzufolge hat sich also die Gesamtsituation nicht zu unseren Lasten verändert.

Die Vernehmung der Zeugin A. [das zweite Opfer – Anm. des Autors] *hätte besser nicht laufen können. Die Zeugin relativierte ihre durch die Polizei im Ermittlungsverfahren protokollierte Aussage zumindest bezüglich des Angriffs gegen ihren Hals. Nach Aussage der Zeugin geschah der Griff an den Kehlkopf, worauf die Staatsanwaltschaft bekanntlich den Tötungsvorwurf stützt, wohl eher im Eifer des Gefechts beim Kampf um die Handtasche der Zeugin. Ich denke nicht, dass auf diese Aussage eine Verurteilung wegen versuchten Mordes gestützt werden kann. Eine Verurteilung wegen des angeklagten versuchten Raubes erscheint hingegen unausweichlich. Die Zeugin hat Sie sowohl bei der Lichtbildvorlage bei der Polizei als auch im Gerichtssaal eindeutig wiedererkannt.*

Andererseits ist es nicht gelungen, die Glaubhaftigkeit der Angaben der Zeugin Z. [das erste Opfer – Anm. des Autors] *in Zweifel zu ziehen. Aus der ausgesprochen geringen Anzahl der Nachfragen des Gerichts und der Staatsanwaltschaft an diese Zeugin ist mit einiger Sicherheit zu schlussfolgern, dass das Gericht keinen Zweifel daran hat, dass die Zeugin nur das ausgesagte, was sie an besagtem Abend erlebte. In der Befragung ließ sich die Zeugin in keinerlei Widersprüche verwickeln. Ihre Aussage enthielt jedwede Merkmale einer glaubhaften Aussage. Zudem werden ihre Angaben durch die übrigen Beweismittel gestützt. Insbesondere passen die bei der Zeugin festgestellten Verletzungen zu 100 Prozent zur Schilderung der Geschehnisse. Dies trifft vor allem auf die Kopfverletzungen zu, die der Zeugin durch den Schlag mit der Eisenstange zugefügt wurden. Dass in diesem Schlag durchaus nach der Rechtsprechung des Bundesgerichtshofs ein tödlicher Angriff gesehen werden kann (und hier objektiv betrachtet wohl auch gesehen werden muss), darüber hatten wir schon ausführlich gesprochen.*

Einzig die Identifizierung Ihrer Person als Angreifer könnte einen Angriffspunkt bieten. Die Zeugin hat Sie seinerzeit bei der Lichtbildvorlage als einen der möglichen Täter wiedererkannt. Allerdings neben einer anderen Person, die Ihnen schon etwas ähnlich sieht. Im Gerichtssaal hingegen war die Zeugin absolut sicher, dass Sie und nur Sie die Person waren, die den Angriff ausführte. Dabei schilderte die Zeugin sehr anschaulich den Grund, sich so sicher zu sein, nämlich Ihre Narbe auf der rechten Wange. Dieser Umstand ist umso belastender, als dass die Zeugin vor ihrer Aussage, der Angreifer habe auf der rechten Wange eine markante Narbe gehabt, Sie noch gar nicht hatte im Verhandlungssaal sehen können.

Sehr geehrter Herr Traber,
Sie wissen, ich bin ein Mann des offenen Wortes. Zum Stand jetzt scheint eine Verurteilung wegen eines versuchten Tötungsdelikts unvermeidlich. Damit droht auch unmittelbar die Sicherungsverwahrung.

Selbstverständlich werde ich die Verfahrensakten nochmals akribisch durchsehen, ob sich nicht doch noch eine Chance bietet, das Gericht vom Gegenteil zu überzeugen.

Mit freundlichen Grüßen
V. Bartel
Rechtsanwalt
Fachanwalt für Strafrecht

Was in diesem Brief keine Erwähnung fand, war die Tatsache, dass Traber für beide Tatzeitpunkte kein Alibi besaß. Mehr noch, sein Funktelefon war in beiden Fällen in einen Funkmast in unmittelbarer Nähe zu den Tatorten eingeloggt gewesen.

Es stand also nicht gut für den Mandanten. Mit der Verurteilung wegen versuchten Mordes lägen auch die Voraussetzungen der Sicherungsverwahrung vor, er würde die nächsten zwanzig Jahre hinter Gefängnismauern verbringen, wenn nicht sogar mehr. Der Staatsanwalt war – er hatte allen Grund dazu – während der Verhandlung tiefenentspannt.

Obgleich ich in solchen Mandaten die Akten fast auswendig kannte, ging ich diese nochmals durch. Blatt für Blatt. Zeile für Zeile. Nichts. Nicht der geringste Ansatzpunkt, um dem Gericht hinsichtlich einer Verurteilung Steine in den Weg legen zu können. Alles war schlüssig. Jedes Steinchen passte ineinander. Jede Tatsache knüpfte nahtlos an die nächste an. Der Strick um Trabers Hals, er zog sich enger und enger. Wäre ich Richter gewesen, ich hätte nicht den geringsten Zweifel an der Schuld des Angeklagten gehegt, hätte ihn in beiden Fällen des versuchten Mordes schuldig gesprochen und auf eine lebenslange Freiheitsstrafe nebst Sicherungsverwahrung erkannt.

Zu diesem Zeitpunkt eines Verfahrens geht es nicht mehr um Schuld oder Unschuld. Eigentlich geht es darum nie. Als Verteidiger hat es mich nicht gekümmert, ob ein Mandant schuldig war oder nicht; ob er oder sie das, was ihm oder ihr die Staatsanwaltschaft vorwarf, tatsächlich begangen hatte. Die Frage von Schuld oder Unschuld, die Frage nach der Wahrheit an sich stellt sich im Strafverfahren gar nicht. Sie ist gänzlich irrelevant. Die Frage, auf die es wirklich ankommt, ist eine ganz andere:

Kann der Mandant für das, was ihm die Staatsanwaltschaft vorwirft, nach den Gesetzen dieses Landes verurteilt werden?

Und das kann ein Angeklagter nur dann, wenn es ausreichend Beweise, legal erlangte Beweise, für seine Schuld gibt. Kommt ein Schuldiger frei, weil ihm die Tat nicht nachgewiesen werden kann, so ist dies niemals ein ungerechtes Urteil.

Oh ja, ich höre den protestierenden Aufschrei derjenigen, die dies lesen. Aber was wäre denn die Alternative? Die von jeder Objektivität befreite subjektive Überzeugung von der Schuld, der pure Glaube an die Verantwortlichkeit als Grundlage jeden Urteils? Dann stünden nicht nur sämtliche Türen, vielmehr riesige Tore für jedwede Art von Willkür offen. Mit dem Glauben ist das eben so eine Sache, man kann sich seiner niemals sicher sein. Von daher war es mir, man verzeihe diesen Ausdruck, scheißegal, ob mein Mandant die ihm vorgeworfene Tat begangen hatte oder eben nicht. Selbstverständlich wollte ich von meinen Mandanten immer die Wahrheit wissen, Grundlage jeder Verteidigungsstrategie. Aber dieses Wissen des »Ja, alles, was in der Anklageschrift steht, stimmt« hat mich in nicht einem einzigen Fall daran gehindert, mit vollster Überzeugung den Freispruch meines Mandanten zu fordern. Und niemals musste ich mich dafür irgendwie vor irgendwem, schon gar nicht vor meinem Gewissen verbiegen.

»Schön und gut, aber bei Mord!?«, höre ich die Stimmen rufen. Ich würde antworten: »Wo wollen Sie die Grenze ziehen? Bei Mord nicht, okay. Bei einem Raub? Oder schon bei einem Diebstahl?« Schwanger oder eben nicht schwanger. Ganz oder gar nicht. Schwarz oder weiß. In dieser Beziehung kann und darf es kein Grau geben.

In solchen Momenten der Ratlosigkeit nahm ich immer die Gitarre in die Hand und fing an, ein wenig herumzujammen, wie man heute so schön auf Denglisch sagt. Mein Arbeitszimmer glich seinerzeit eher einem Musikstudio als dem einer Anwaltskanzlei. Irgendwann tauchte in meinem Kopf die Frage auf: Wo ist eigentlich diese Eisenstange abgeblieben, mit der mein Mandant zugeschlagen haben soll? Sie war am Abend der Tat sichergestellt worden, das ergab sich aus einem Aktenvermerk eines Polizeibeamten, welcher den Tatort untersucht hatte. In den nachfolgenden 1500 Seiten der Akte fand sich kein einziger Hinweis mehr auf diese Eisenstange. Kein Vermerk der *Asservierung* als Beweismittel. Kein Bericht über die Untersuchung dieser Eisenstange als Beweismittel auf Fingerabdrücke und/oder DNA. Nichts.

Wozu ich mich dann entschloss, war ein vollkommener Schuss ins Blaue. Wenn es schiefging, war es der finale Nagel im Sarg meines Mandanten. Wenn nicht, dann …

Ich stellte am nächsten Verhandlungstag den folgenden Beweisantrag:

In der Strafsache
gegen
Steffen Traber

beantrage ich zum Zwecke des Beweises für die Tatsache,

1. *dass beim Führen eines Schlages mit einer von der Zeugin beschriebenen Eisenstange durch den Angreifer zwingend DNA-Spuren auf einer solchen Eisenstange hinterlassen werden,*

die Einholung eines tatrekonstruierenden Sachverständigengutachtens
sowie

2. *dass der Angeklagte als die den Angriff mit der Eisenstange führende Person ausscheidet, vielmehr eine andere männliche Person die Zeugin mittels dieser Eisenstange angegriffen hat, wenn sich auf der sichergestellten Eisenstange keine DNA-Spuren meines Mandanten, wohl aber solche einer anderen männlichen Person befinden, ebenfalls die Einholung eines Sachverständigengutachtens.*

Ich war mir vollkommen darüber im Klaren, dass das Gericht diesen Beweisantrag nicht wird ablehnen können. Es musste diesem nachgehen, was es auch tat. Es ersuchte den Staatsanwalt, die sichergestellte Eisenstange zum nächsten Verhandlungstag dem Gericht zur Verfügung zu stellen, damit diese an einen zu beauftragenden Sachverständigen gesandt werden konnte.

Eine Woche später berichtete der Staatsanwalt dem Gericht, reichlich zerknirscht und wohl immer noch auf diverse Polizeibeamte wütend, dass die Eisenstange nicht auffindbar war. Man hatte überall gesucht, gefunden hatte man sie nicht.

Schlimmer hätte es nicht kommen können. Das Tatwerkzeug eines versuchten Mordes verschwand spurlos in den Weiten einer Asservatenkammer der Polizei.

Ich echauffierte mich in der Verhandlung über diese »unendliche Schlamperei« der Strafverfolgungsbehörden. Es wäre ja wohl nicht hinnehmbar, dass durch dieses »zum Himmel schreiende Versäumnis, das komplette Versagen der Strafverfolgungsbehörden« meinem Mandanten die Möglichkeit genommen wurde, seine Unschuld zu beweisen. Damit hätte der Staat jedes Recht, über meinen Mandanten zu urteilen, verspielt. Ich gestehe, als ich dies vor Gericht mit dem Ausdruck tiefster Entrüstung sagte, kämpfte ich permanent dagegen an, nicht über beide Backen zu grinsen.

Es kam, wie es kommen musste. Das Gericht stellte auf Antrag der Staatsanwaltschaft, die danach resignierte und kapitulierte, das Verfahren hinsichtlich des Angriffs mit der Eisenstange ein. Bezüglich des zweiten Angriffs folgte das Gericht meinem Antrag und nicht dem der Staatsanwaltschaft. Es verurteilte meinen Mandanten nur wegen Raubes, vom Vorwurf des versuchten Mordes sprach es ihn frei. Drei Jahre und sechs Monate bekam er. Und nicht lebenslänglich mit anschließender Sicherungsverwahrung.

Ich empfand das als einen grandiosen Sieg.

Nach diesen drei Jahren und sechs Monaten war er wieder frei. Das war 2014.

Noch bevor man ihn als Angreifer auf die beiden alten

Damen als Täter ermittelt hatte und er in Untersuchungshaft kam, hatte er mit seinem »alten Leben« gebrochen. Glaubte ich. Grund dafür war eine Frau, die er kurz davor kennen- und lieben gelernt hatte. Eine ausgesprochen resolute Frau mit klaren Vorstellungen an ein gemeinsames Leben, eine Frau, die um sein Vorleben wusste und wahrscheinlich gerade deshalb vehement darauf drängte, ihn aus seiner gewohnten, von Kriminalität geprägten Umgebung herauszuholen. Vor allem aus dem, was er bis zu diesem Zeitpunkt seinen Freundeskreis nannte. Er fügte sich nicht nur, es schien im sehr ernst zu sein. Auch als er abermals inhaftiert worden war und ihre Pläne für ein gemeinsames Leben über den Haufen geworfen wurden, hielt sie zu ihm. Vor allem Katerchen nahm sich ihrer an und unterstützte sie (und damit auch ihn) nach besten Kräften. Sei es beim Jobcenter, der Agentur für Arbeit, bei der Wohngeldstelle und, und, und … Alles war bereitet. Für ein normales Leben danach.

Und jetzt sein Porträt in der Zeitung.

In dieser schlaflosen Nacht setze ich mich an den Computer und sehe, dass einer, der damals auf der anderen Seite kämpfte, noch online ist. Ich klicke auf seinen Namen und beginne zu schreiben:

Veikko Bartel

Ich habe heute die BILD gelesen.

Jan S.:

Ich habe schon die ganze Zeit gewartet, dass du dich meldest.

Veikko Bartel

Er ist es, oder?

Jan S.:

Ja, er ist es. Wie geht es dir damit?

Veikko Bartel

Ich habe keine Ahnung. Er war es wirklich? Ich dachte, er packt das dieses Mal. Mit seiner neuen Frau, dem Umzug, weg aus seiner alten Umgebung.

Jan S.:

Hat es jemals einer von denen geschafft? Das Gutachten von damals hat das doch genau so vorausgesehen. Und ja, sieht alles danach aus.

Bist du noch da … Schweigend? So kennt man dich doch gar nicht.

Veikko Bartel

Ich weiß nicht, was ich schreiben soll.
Ich denke gerade Dinge, die absurd sind.

Jan S.:

Nenn es beim Namen und steh dazu. Irgendein Wald- oder Wiesenanwalt als Verteidiger, und sie hätten ihn damals verurteilt. Du hast sie vom Gegenteil überzeugt. Du hast sie dazu gebracht, deinen Mandanten mit deinen Augen zu sehen und nicht mit den unsrigen. Dieser Kniff mit der Eisenstange. Du hast sie damals mit deinen Beweisanträgen und Statements so verunsichert, dass sie mehr Angst vor deiner Revision hatten, als ihn zu Recht wegzusperren. Ohne dich wäre die Frau noch am Leben. Du bist schuld an ihrem Tod.